교사의 자격

교사의 자격

초판 1쇄 발행 2023년 9월 30일

지은이 김현규
발행인 송진아
편 집 아이핑크
디자인 로프박
제 작 제이오앤피
펴낸곳 푸른칠판
등 록 2018년 10월 10일(제2018-000038호)
팩 스 02-6455-5927
이메일 greenboard1@daum.net
ISBN 979-11-91638-15-8 03370

완벽하지 않아도 괜찮은

김현규

교사의 자격

푸른칠판

1 가르치는 일이
공부가 되려면

2 하루하루
교사가 되어 가기 위해

3 그럼에도 불구하고,
교사는 교육한다

외떨어진 나무가 아니라 더불어 숲이 되고 싶습니다. 바람이 가지를 흔들면 함께 노래를 부르고 싶습니다. 천천히, 하지만 멈추지 않고 성장하여 가지마다 피어나는 무성한 잎과 함께 하늘로 뻗어 올라가고 싶습니다. 그런 교사가 되고 싶습니다. 하지만 혼자서는 안 된다는 것, 교육을 잘하려면 교육 이외의 것에도 관심을 가져야 한다는 것을 알았습니다. 교육은 나와 너, 우리의 삶을 다루는 학문이기 때문입니다.

아무리 장비를 갖춘다 하더라도 갯벌에 들어가면 평소처럼 걷기 어렵습니다. 움직이기 힘들고 몸 여기저기에 진흙이 묻습니다. 불의한 세상에서는 법률과 상식에 맞게 행동하는 사람이 바보가 되고 평화가 깨진 세상에서는 평범함도 무능이 되지요. 키오스크 앞에서 쩔쩔매는 모습을 보면서 연민을 느끼고 도와주는 대신 짜증 내며 욕하는 사람이 많은 세상에는 평화가 없습니다. 장애인이 활동은 고사하고 이동조차 스스로 하기 힘든 사회를 선진국이라고 말하지 않습니다. 노인이 가난 때문에 아야 소리도 못 내고 혼자 쓸쓸히 죽은 뒤 발견되는 세상을 풍요롭다 말할 수 없고요. 여성이 단지 여성이라는 이유로 살해당하는 세상에서는 남성도 안전하지 않습니다.

똥물 안에 앉아 있으면 당연히 몸이 가렵습니다. 세상에 관심을 갖고 주변을 둘러보며 작은 실천이라도 묵묵히 해야 하는 이유입니다. 한때 세상을 떠들썩하게 했던 유행어 '나만 아니면 돼'가 실제 세상에서는 잘 안 되기 때문입니다. 그런 건 게임에서나 가능합니다. 세상에 속한 이상 사회가 주는 영향으로부터 거기에 속해 있는 그 누구도 자유로울 수 없습니다. 모든 것이 서로 연결되어 영향을 주고받지요. 사람과 사물은 누구든 무엇이든 서로의 환경입니다. 숲은 호수 덕분에 푸르고 호수는 숲 덕분에 마르지 않습니다. 새는 나무 덕분에 먹이를 얻고 나무는 새 덕분에 씨앗을 퍼뜨립니다. '네' 안위와 행복이 '나'에게도 영향을 주는 것입니다.

학교에서 아이들과 생활하다 보면 분명 교육적으로 지도해야 하는 상황인데도 어쩌지 못하는 경우가 점점 늘고 있습니다. 신이 아닌 이상 그 아이가 어떤 사람으로 클지, 어떤 인생을 살게 될지 아무도 모릅니다. 하지만 아이의 문제 행동을 아무도 지적하지 않으면 나로 인해 누가 피해를 보든 말든 신경 쓰지 않는 사람이 될 확률이 높아집니다. 이것은 개인의 불행이면서 사회에 부담을 줍니다. 교사가 적극적으로 교육하기 힘들어질수록 사회가 공동으로 지불해야 할 비용이 증가하지요. 세상에 속한 모든 것이 서로 연결되어 있으니 산술급수가 아니라 기하급수적으로 늘어날 것입니다. 더구나 급격한 인구 감소로 사회적비용을 부담해야 할 사람들 수는 줄고 있습니다. 그러니 각자 감당해야 할 몫이 늘어납니다. 엎친 데 덮친 격입니다. 신뢰는 최고 가치의 사회적 자산인데 이미 우리나라는 저신뢰 사회입니다. 그런데 학교를 보면 신뢰를 회복하기 위한 노력은 거의 없고 오히려 저신뢰를 부추기는 상황이 이어지고 있습니다.

안전한 환경에서, 아이의 인권을 존중하며 자신의 인권을 보장받는 교사가 성장과 발전의 과정에서 아이가 반드시 겪게 되는 여러 어려움을 이겨 낼 수 있도록 돕는 것이 바로 교육입니다. 단 한 명의 아이도 포기하지 않는 교육을 하려면 먼저 단 한 명의 교사도 포기하지 않는 행정과 사회적 공감대가 전제되어야 합니다. 정당한 교육활동을 했는데도 내가 가르치는 아이들과 그들의 학부모가 언제든 악성 민원인이 되어 공격할 수 있다는 두려움을 가진 교사가 어떻게 아이들에게 최선을 다할 수 있겠습니까? 갈피를 잡을 수 없이 혼란할 때는 항상 본질로 돌아가야 합니다. 학교는 교육하는 곳이고 교사는 교육하는 사람입니다.

부산에서 시작하여 대전을 거쳐 세종에서 근무하고 있습니다. 기간제교사로 일하며 많은 학교를 거쳤습니다. 인간으로서, 교사로서 시행착오를 많이 겪었습니다. 돌아보면 아쉬운 점, 후회되는 점이 한두 가지가 아닙니다. 다행히 좋은 분들을 만나 배운 것도 많았습니다. 물론 지금도 많이 부족합니다. 자신의 노하우를 아낌없이 나누고 가르쳐 주며 격려해 주신 고마운 분들이 아니었다면, 특히나 저를 '선생님'이라고 부르며 함께해 준 학생들이 없었다면 지금의 저는 없었을 것입니다.

하루하루 교사가 되어 갑니다. 날마다 모든 면에서 더 나아지기 위해 노력하며, 점점 그렇게 되고 있다고 믿습니다. 부족하게 시작했고 지금도 부족하지만 포기하지 않으면 조금씩이라도 채워지리라 믿습니다. 비록 작은 조각이나마 날마다 더하고 기워 가면 세상에 하나뿐인 아름다운 조각보가 되리라 믿습니다. 학생들에게 그렇게 가르쳤으니 저도 그렇게 되려고 노력합니다.

이 글은 교사로서 학생들과 나누고, 교사로서 성장하고, 교육에 대해 생각한 이야기입니다. 1장에는 수업 시간에 학생들과 나눴던 이야기, 사소한 일화, 당부들을 모아서 대화가 일어난 장면을 중심으로 담았습니다. 그리고 평균에 약간 못 미치는 인간이자 교사로서 조금씩 성장하며 기록한 내용은 2장에 담았습니다. 사실과 맞지 않거나 쟁점이 되는 내용이 있을지도 모르겠습니다. 차차 성장하면서 더 채워 가도록 하겠습니다. 끝으로 교육에 대한 단편적인 생각들은 3장에 담았습니다.

사실 이 책의 첫 번째 독자는 바로 접니다. 글을 쓰는 내내 나처럼 지극히 평범하면서도 부족한 교사가 쓴 글이 책이 될 수 있을까 고민했습니다. 망설이고 미루기를 반복하다가 어렵게 용기를 냈습니다. 잘하고 싶은 나, 주목받고 인정받고 싶은 나를 다독이며 부족하면 부족한 대로 서툴면 서툰 대로 온전하게 '나'를 받아들이기로 했습니다. 만약 이 책을 읽는 선생님께서 교직에 회의가 드신다면 '이런 교사도 있구나. 이 사람보다는 그래도 내가 잘하고 있네.' 하며 용기를 내셨으면 좋겠습니다.

혹시나 하는 마음에 글을 조금 각색하고 재구성했습니다. 누군가 이 글을 읽고 상처를 떠올리지는 않을까 염려가 됩니다. 말주변이 없고 글솜씨가 부족해서 그런 것이지 기분을 상하게 해 드릴 의도는 없으니 널리 이해해 주시기 바랍니다. 실천교육교사모임에서 인연을 맺은 푸른칠판 송진아 대표님께 깊이 감사드립니다. 덕분에 흩어져 있던 조각글을 모으고 엮어 책으로 만들 수 있었습니다. 원고가 나오는 동안 어떤 면에서는 저보다 고생을 더 많이 하셨을 텐데 기다려 주시고 격려해 주셔서 정말 감사합니다.

'선생님 같은 선생님이 되고 싶다'며 교사대에 진학한 제자들이 있습니다. 아직 학생인 아이들도 있고 더러는 이미 동료 교사가 되어 학생을 가르치고 있습니다. 최근의 불행한 사건 사고들을 보며 그 제자들이 떠올라 무척 괴로웠습니다. 사실 제자에게 그 말을 들었을 때 마치 교사로 살아온 시간을 인정받는 것 같아 행복했습니다. 하지만 그 선택을 마냥 축복만 해 주기 어려웠던 것도 사실입니다.

막상 교사가 되면 생각했던 것과 많이 다를 거라는 얘기도 했습니다. '선생님 같은 선생님이 되고 싶다'는 기특한 제자를 격려하고 응원해 줘야 할 텐데 걱정이 앞서는 상황에 쓴웃음이 났습니다. 말려야 하는 거 아닐까 하는 생각도 들었습니다. 인구 감소로 줄어드는 정규 교사 정원이며 무엇보다 갈수록 교사로 살기 힘들어지는 상황에 대해 솔직하게 얘기해 주었습니다. 그런데도 이 아이들은 환하게 웃으며 교사대에 진학하고 동료 교사가 되더군요. 그러니 아이들과 더불어 행복한 교사로 살기를 축복하고 기도하는 수밖에 없습니다. 무엇보다 안전하기를요.

교사하기 쉽지 않은 요즘, 보람과 사명감으로 현장을 지키고 계신 선생님들, 그리고 특히 불안한 신분임에도 불구하고 교사로서 학생들을 돌보시는 기간제 선생님들과 함께 나누고 싶습니다. 감사합니다.

1   가르치는 일이
        공부가 되려면

말을 너무 적게 했다고 후회하는 경우는 결코 없지만
말을 너무 많이 했다고 후회하는 경우는 많다.

필리프 드 코민

말로 먹고사는 직업 특성상 '웅변은 은이요 침묵은 금'이라는 류의 얘길 들으면 약간 뜨끔하다. 진짜 옛말 틀린 거 하나 없다. 올바른 얘길 잔뜩 하고 집에 돌아와서 혼자 낮에 했던 말을 복기할 때나 학생이 받아 적었다며 가져오는 '국어 쌤 명언록' 같은 걸 볼 때 특히 그렇다.

한번은 연말에 학생 하나가 일 년 동안 수업 시간에 내가 한 말이라며 종이에 적어 예쁘게 색칠하고 꾸며서 코팅까지 해서 가져온 적이 있었다. 3년 차였는데 지금 생각하면 뭐 그럴 수도 있지 싶지만 그때는 약간 뿌듯하면서도 굉장히 부끄러웠다. 학생이 내민 '명언록'을 받아서 읽어 보니 도저히 내가 한 말 같지가 않았다.

'나도 다 실천하지 못하는 얘길 왜 이렇게 많이 했을까. 마치 남의 등에 짐을 지우고 정작 나 자신은 아무 짐도 감당

하지 않으려는 악덕 주인 같네.'

이런 생각에 부끄러움을 넘어서 미안한 마음이 들었다. 학생이 초롱초롱한 눈으로 나를 보면서 친구들끼리 내가 한 얘기를 주제로 토론하고 성찰도 하면서 자주 얘기를 나눴다니 이제는 미안함을 넘어 큰 죄를 저지른 것 같은 느낌이 들기 시작했다. 식은땀이 흐르고 다리도 후들거리고 그 자리를 빨리 벗어나고 싶어서 서둘러 마무리하려고 말했다.

"말은 말일 뿐이야. 앞으로 살면서 좋은 얘길 많이 듣고 본받을 만큼 훌륭한 사람을 많이 만나게 될 테지만 그 가운데 내 것으로 만들 수 있는 건 많지 않을 거야. 어떤 건 그럴 만한 가치가 없다는 걸 스스로 깨달아서 그렇고, 또 어떤 건 도저히 따라 할 수 없는 일이라서 그래. 얼핏 듣기엔 멋진데 허망하거나 번지르르하기만 한 말일 수 있어. 사실 말이 중요한 게 아니라 꾸준히 실천해서 습관으로 만든 하나가 중요해. 어떤 실천을 했느냐가 전부야. 실천할 수 있는 것 딱 하나만 남기고 나한테 들었던 많은 이야기는 다 잊어버리면 좋겠다. 특히 그걸 나한테 들었다는 걸 잊어 줘."

"선생님께 들었다는 걸 왜 잊어야 돼요?"

"그릇보다 음식이 중요하니까. 메시지에서 메신저를 분리해서 보면 좋겠어. 누구에게 들었는가보다 그 말이 간직하고 실천할 만한 내용인지 아닌지를 보는 거지. 내가 해 준 얘기가 다 내 머리에서 나왔을 리 없잖아? 나도 사는 동안 알게 모르게 여러 사람의 영향을 받아서 한 말일 거야. 그러니 내용만 곱씹어서 온전히 네 것으로 만들면 좋겠어. 그리고 네가 어른이 되어 돌이켜 보면 내가 실은 그렇게 대단한 선생이 아니라 그냥 평범하거나 거기에 살짝 못 미치는 사람이었다는 걸 알게 될 거야. 하지만 그렇다고 해서 내가 너희에게 했던 말이 가치 없어지는 건 아니야. 적어도 그 말을 했던 당시의 내 마음도 진심이었을 테니."

알겠다는 듯 고개를 끄덕이던 학생은, 훗날 운동을 아주 열심히 하는 건강하고 씩씩한 박사님이 되었다. 하나를 알려 주면 열을 깨닫고, 진심을 다해 열심히 살아가는 제자들에게서 늘 배우고 자극받는다. 내뱉은 말의 무게에 짓눌리지 않도록 열심히 실천하며 살아야겠다는 각오를 다진다.

수업 시간에 항상 강조하는 것이 있다. 성적이 원하는 만큼 나오지 않는다고 해서 공부 말고 다른 것까지 포기하지 않았으면 좋겠다는 것이다. 성적이 낮으면 공부를 아예 놔 버리는 경우가 종종 있다. 성적이라는 결과에 연연하지 않고 공부하는 과정에 최선을 다한다면 '최선을 다해 본 경험'이 쌓일 텐데 보통은 결과에 연연하다 보니 결과가 안 좋으면 공부에서 완전히 멀어진다. 여기에 더해 생활도 흐트러지는 경우가 많다. 온종일 엎드려 잠을 잔다거나 미인정 지각·조퇴·결석 등 출결 규칙을 지키지 않는다거나 수행평가를 제출하지 않는 식이다. 말투나 표정, 태도가 불손하여 친구나 선생님들과 종종 갈등이 생기고 쉬는 시간에 복도를 쏘다니며 술 취한 사람처럼 고래고래 소리를 지르거나 노래를 부른다. 대화에는 비속어가 빠지지 않고 수업을 방해하는 경우까지 있다. 학교가 지루하고 심심해서. 성적이 좋지 않은 것도 이미 큰 손해인데 자포자기

해서 학교생활을 엉망으로 만들고 그렇게 3년이나 6년을 흘려보내면 이런 '태도'가 습관이 되어 앞으로의 시간까지 힘들어질까 봐 걱정된다.

"학교에서 받는 점수는 학창 시절 입시라는 언덕을 넘는 데 쓰는 것으로 소용이 끝나지만, 열심히 노력해 본 경험은 살아가는 내내 쓸모 있어. 이번 시험에서 여러분이 받은 점수는 졸업한 다음에는 별로 쓸 일이 없고 몇 점을 받았는지도 곧 잊겠지만 열심히 노력했던 경험은 잘 관리하면 습관이 되겠지. 뭔가에 도전하고 열심히 노력했던 경험이 새로운 일에 도전하고 최선을 다하는 바탕이 돼."

"전 잘해 본 경험이 별로 없어요."

"성공 경험만 중요한 건 아니야. 성공하든 실패하든 목표를 위해 계획을 세우고 최선을 다해 노력한 경험이 중요해. 결과가 모든 것을 말해 주는 것 같아 보이겠지만 진짜 가치 있는 건 과정에 최선을 다해 본 경험이라고 선생님은 생각해. 인생은 단판 승부나 토너먼트가 아니고 우리가 노력해야 하는 과정은 계속 이어지니까. 목표를 세우고 최선을 다해 노력한다는 건 돈 주고도 살 수 없고 누가 대신해 줄 수도 없는 세상에서 오직 나만이 나 자신에게 줄 수 있는 값진 경험이거든. 자신감. 나 자신에 대한 확신은 내가 늘 좋은 결과를 얻을 수 있다는 데서 오는 게 아니고 결과가 어찌 되든 간에 나는 두렵지만 도전할 수 있는 사람이고 그 과정에서 스스로에게 부끄럽지 않게 노력할 수 있는 사람이라는 것. 그걸 여러 번 반복해서 경험하는 과정에서 생기는 믿음이야. 나는 네가 언제나 좋은 결과만 얻을 수 있을 거라고 말하지 않을게. 나 역시도 그렇게 살아오지 않았고 그렇게 살아온 사람을 본 적이 없으니까. 야구에서 이른바 '꿈의 타율'이라고 부르는 기록이 4할이야. 열 번 나와서 네 번을 친다는 건 여섯 번 즉 절반 이상 아웃 당했다는 얘기잖아? 인생은 이것보다 훨씬 힘들어. 그러니까 우리가 결과에 초점을 맞추면 늘 불행하고 힘들고 자신 없이 살아가야 할 거야. '나는 해도 안 돼, 나 같은 게 뭘 할 수 있겠어.'와 같은 생각에 짓눌려 살아가는 거지. 우리 삶이 이런 생각에 사로잡히면 불행은 실제로 일어나. 하지만 우리가 결과보다 과정에 집중하고 결과야 어찌 됐든 나는 지금 여기서 내가 할 수 있는 최선을 다하겠다는 목표를 이루기 위해 노력한다면 우리는 계속 도전하고 실패해도 굴하지 않고 다시 일어서는 멋진 삶을 살 수 있을 거야."

"안 될 게 뻔한데, 도전하는 건 바보 같은 짓 아니에요?"

"안 될 것 같아서 시도조차 하지 않으면서 두려움을 무릅쓰고 도전하려는 사람을 조롱하는 사람이 진짜 바보야. 아무런 열정도 없으면서 다른 사람의 생명력까지 빼앗는 사람이라고나 할까? 좋은 점수를 받으라고, 남들이 부러워하는 대학에 합격하라고 말하는 대신 과정에서 최선을 다하는 불굴의 도전자가 되라고 말할게. 그래서 '자신에 대한 믿음'이라는 귀한 보물을 쥐고 하늘로 날아오르는 개천의 용이 되길 빈다."

타인을 설득하는 최상의 방법 중 하나는
그 사람 말을 경청해서 귀로 설득하는 것이다.

딘 러스크

표현과 이해는 상호 관계다. 표현은 이해에서 시작되고 잘 이해했는지는 표현을 통해 드러난다. 말하기와 듣기, 쓰기와 읽기의 경우에도 잘 이해하는 것이 효과적인 표현의 바탕이 된다. 설득이나 설명도 우선은 경청에서 출발한다. 그런데 학생들은 당장 쓸 수 있는 말하기나 쓰기의 '전략'을 궁금해 한다. 그것을 수업에서 다루긴 하지만 진짜 말해 주고 싶은 건 '원론'이다.

"우선 주의 깊게 듣는 거야. 그게 시작이지. 다른 사람에게 주의를 기울이면서 어떤 표정으로 말하는지, 어조가 어떤지, 어떤 부분을 강조하는지 또는 머뭇거리는지, 말할 때 몸짓이 어떤지, 시선이 어디를 향하는지, 어떤 부분을 자세히 얘기하고 어떤 부분을 얼버무리는지를 유심히 관찰해야 해. 우리는 언어에 담긴 뜻을 이해하는 걸 듣기라고 착각하지만 진짜 듣기는 그 사람 자체를 온전하게 받아들이는 거야. 말하는 사람을 위해 시간과 에너지를 사용해 집중하는 것. 상대 얘기를 듣다가 내 생각에 빠지지 않도록 주의해야 해. 편견과 성급한 판단이 듣기를 방해하지 않도록 통제해야 있는 그대로 들을 수 있어. 특히 호기심에 빠지지 말고 상대가 전하려는 걸 들으려고 애써야 해. 중요한 건 내 호기심이 아니라 상대 얘기니까. 주의 깊게 들으면서 적절히 반응하는 건 말하는 사람을 응원하고 격려하는 것과 같아. 이렇게 듣는 사람의 진심이 전해지면 잘 듣는 것으로 말하는 사람과 적극적으로 소통할 수 있지. 그런 다음 말한다면 전보다 더 잘할 수 있을 거야."

"듣기가 곧 말하기라는 건 이해했어요. 잘 말하기 위해 먼저 잘 들어야 한다는 것도 알겠어요. 그런데 그렇게 어려운 걸 누가 말씀하신 것처럼 할 수 있겠어요?"

"걱정 마. 우리는 말하기보다 듣기를 더 먼저 배웠어. 생각해 보면 엄마 배 속에서부터 계속 들어 왔지. 청각은 강해. 죽은 직후에도 청각은 잠깐이지만 남아 있다고 해. 우리는 누군가의 이야기를 잘 들어 주기 위해 세상에 왔는지도 몰라. 그러니 잘 들을 수 있어."

이렇게 말하며 나도 주의 깊게 듣고 진심으로 말하는 교사가 되겠다고 다짐한다.

유명인에게 열광하는 군중을 볼 때면 이런 생각이 든다. 저토록 강력한 긍정 에너지를 자기 자신 또는 주변의 가깝고 소중한 사람을 위해서는 얼마나 쓰고 있을까? 먼 하늘의 별을 우러러보느라 바로 옆에 있는 가까운 사람 손 한번 제대로 잡아 주지 못하는 건 아닐까? 유명인에게는 많은 팬들 중 하나일 뿐이겠지만 옆에 있는 가깝고 소중한 사람에게는 훨씬 더 영향력 있는 사람일 텐데. 유명인에게 열광하는 만큼 스스로에게 더욱더 집중하고 자신을 칭찬한다면 마음이 얼마나 건강해질까.

나는 맛있는 커피를 내려 주시는 동네 카페 사장님께 찬사를 보낸다. 그리고 정신을 맑게 하려고 용감하게 찬물로 목욕한 다음 수업 준비에 다시 집중한 스스로에게 찬사를 보낸다. 아무 때나 별 이유 없이도 나를 칭송해 줄 사람은 나뿐이고 스스로에게 하는 칭찬은 정신 건강에 도움이 되기 때문이다. 나는 내가 돌봐야 하니까.

나도 일상의 무대 위에서 열심히 뛰었고 어려움과 두려움에 용감히 맞섰으니 스스로에게 꽃 한 송이 정도는 받을 자격이 되지 않을까? 문득 우리 반 아이들이 떠오른다. 칭찬과 격려 대신 평가와 지적에 익숙한 아이들. 과도하게 흥분하거나 반대로 지나치게 움츠러드는 혼란의 결정들. 지금은 시커먼 흑연일 뿐이지만 가해지는 압력과 뜨거움을 견디고 언젠가는 다이아몬드 결정처럼 반짝일 가능성을 생각한다. 교실로 가서 시끌벅적 난장판을 벌이며 놀고 있는 아이들을 지긋이 바라보다가 힘껏 응원한다.

"누구나 인생에서 특별한 찬사를 누릴 자격이 있습니다. 만약 아무도 나를 칭송해 주지 않는다면 스스로 해도 좋겠습니다. 여러분이 자신을 좀 더 귀하게 여기는 사람이면 좋겠습니다."

우리 반이 된 다음부터 하루에도 몇 번씩 문제를 일으키는 아이가 있었다. 언제나 뛰어다녀서 볼이 항상 발그레한 남자아이였다. 수업만 끝나면 교과 선생님이 교무실로 데려오는 일이 잦았다. 쉬는 시간에도 자주 불려 왔다. 아이는 순하고 착한데 약속을 잘 지키지 않았고 무엇보다 지나치게 활동적이었다. 상황이 이렇다 보니 이 아이는 툭하면 지적받고 혼나는 게 일상이었다. 문제 행동이 반복되니 화가 난 선생님들이 가볍게 지적하는 데 그치지 않고 교무실로 불러 일장 연설을 하는 일이 늘어 갔다.

하루는 쉬는 시간에 평소 친하게 어울리던 친구랑 대판 싸우다가 복도 순회하시던 선생님께 붙들려 아이가 내게 왔다. 흥분이 가라앉지 않는지 여전히 씩씩대는 아이를 옆에 앉히고 물과 간식을 건넸다. 곧 꾸중과 일장 연설을 예상했는지 쭈글쭈글한 모습으로 고개를 숙이더니 뭔가 분

했는지 손등으로 눈물을 훔친다. 축 쳐진 어깨가 아이의 지금 심정을 드러내는 것 같아 안쓰러웠다. 어찌된 일이지, 지금 마음이 어떤지, 어떤 결말을 기대하는지 등 몇 가지를 묻고 말했다.

"선생님은 너를 나쁜 애라고 생각하지 않아. 다만 네가 한 행동이 잘못된 행동이고 어떻게 바로잡을 수 있을지에 대해서 얘기하고 싶구나. 너는 좋은 애야. 좋은 사람이니까 네가 한 행동이 잘못이라는 걸 알고 이렇게 울고 있는 것 아니겠니. 아까 한 행동은 너처럼 좋은 애가 할 만한 행동이 아니야. 좋은 사람답게 어울리는 행동을 하는 게 좋겠다. 네가 스스로 좋은 사람이라는 걸 믿지 못할 수도 있어. 아마 지금까지 네가 하는 행동들을 보면 주위에서 좋은 이야기를 해 준 사람들이 별로 없었던 것 아닐까 생각해. 그래서 너도 자신이 좋은 사람이라는 걸 모르는 거 아닐까? 그렇다면 선생님이 먼저 네가 좋은 사람이라고 믿을게. 앞으로 네가 나쁜 행동을 하고 싶을 때마다 그 모습에 실망할 내가 신경 쓰이겠지? 날 믿어 주는 사람을 실망시키는 건 누구도 하고 싶지 않을 행동이니까 말이야. 내가 너를 먼저 믿어 준다면 내게 좋은 모습을 보이고 싶을 거고 우리가 가까운 사이가 된다면 내가 실망할 행동을 하는 게 더 부담스러워질 거야. 너는 선생님을 좋아하잖니. 내가 너를 좋아하는 것처럼.

선생님이 더 열심히 믿어 주고 네가 얼마나 좋은 사람인지 더 자주 얘기해 줄게. 잘 관찰해서 좋은 점을 발견할 때마다 바로 알려 줄게. 선입견 없이 매일 새롭게 있는 그대로 보고 희망에 대해서 얘기하는 선생님이 되도록 더 노력할게."

"화를 잘 참는 거 같은데 특별한 이유가 있는지 말해 줄 수 있을까?"

"화를 내는 건 나쁜 일이니까요. 화가 나지만 그냥 참는 거예요."

"화를 내는 건 나쁜 일이라서 그냥 참고 있다고? 화를 참을 때는 어떤 느낌이 들어?"

"화가 나려고 하면… 꿀꺽 삼켜요."

"그렇구나. 화를 참으면 힘들 거 같은데 괜찮아?"

"집에 가면서 계속 생각날 때도 있고 다음 날에도 계속 생각나고 그래요. 꿈에도 막 나타나고요. 엄마가 그러시는데 제가 자면서 잠꼬대를 하는데 소리를 지르면서 욕을 한대요. 엄마는 제 성격이 이상해서 그렇다는데 저도 자다가 그러는 거라서 어떻게 해야 할지 모르겠어요."

화는 사람이 느끼는 자연스러운 감정 중 하나인데 억지로 참다 보면 여러 가지로 문제가 생긴다. 화를 나쁘게 여겨 무작정 누르고 참기만 하면 마치 장마 때 배수로가 막혀 물이 제대로 빠지지 못해 역류하는 것 같은 일이 일어난다. 감정을 다루는 일은 물을 다루는 것과 비슷하다. 화는 순간적으로 강하게 치밀어 오르기도 하고 은은하게 고이다가 안으로 스며들기도 한다. 어떤 감정이든 자연히 올라온다. 그러니 참는 게 능사가 아니라 '화'라고 부르는 강한 에너지를 잘 풀어내는 자기만의 방식이 있어야 한다. 다룰 수 있으면 감정은 대체로 창조적인 힘이 되기도 하고 놀라운 성과를 이끌어 내는 원동력이 된다. 가까운 사람이나 책, 영화 속 인물을 보면서 따라 하는 것도 좋은 방법이다.

최근 다시 화제가 된 〈슬램덩크〉 속 인물들은 승부욕이 넘쳐 이른바 지고는 못 산다. 이런 승부욕 같은 욕구나 감정은 올바른 방식으로 좋은 방향을 향하면 성장을 위한 강력한 동력이 된다. '승부욕'을 성장 동력으로 쓰기 위해서는 이를 올바르게 사용하여 성장한 롤 모델이 필요한데 그런 면에서 학생들이 만화나 소설을 즐겨 보는 것, 게임 속 스토리에 몰입하는 것도 나쁘지만은 않다. 무엇이든 자신에게 익숙한 문화가 있다면 그걸 이용하여 쉽게 변화할 수 있을 테니까.

화를 잘 다루면 자기 스스로를 무기력하게 만들거나 다른 사람을 공격하는 대신 놀라운 일을 가능하게 하는 강한 힘을 발휘할 수 있다.

"선생님! 얘네 쉬는 시간에 싸웠어요!"

한 아이는 분이 풀리지 않는 듯 씩씩거리며 눈물이 그렁
그렁하고 다른 한 아이는 어이가 없다는 표정이지만 얼굴
이 벌겋다.

"선생님이 안아 줄 테니까 이리 와. (우물쭈물) 너희가 쉬는
시간에 싸웠다고 해서 선생님이 얼마나 놀라고 슬펐는지
몰라. 그러니까 너희도 이리 와서 얼른 선생님 꼭 안아 주
고 위로해 줘. (엉성하게 안는다) 너희도 많이 놀랐겠구나."

두근두근 콩닥거리던 아이들의 심장박동 소리가 천천히
진정되는 게 느껴진다. 잠시 두 아이를 가만히 품에 안고
있다가 속삭였다.

"선생님이 너희들을 되게 좋아하거든? 그런데 그런 너희

들이 서로 싸우고 미워하면 선생님 마음이 어떨 거 같아?
아프고 슬프잖아 그렇겠지? 선생님이 마음 아프고 슬펐으
면 좋겠어? (…아니요…)"

"(자리에 앉아 있는 학생이 외친다) 선생님, 쟤가 쟤한테 먼저
욕했어요!"

"누가 먼저 잘못했는지는 선생님이 못 봤어. 둘 다 선생님
이 좋아하는 친구들인데 둘이 싸우니까 마음이 아프다 이
거여 나는. 더 꼭 안아 줘."

씩씩거리며 눈물이 그렁그렁하던 아이는 울고, 벌건 얼굴
로 어이없어 하던 아이는 아무 말이 없다.

"또 싸워서 선생님 마음 아프게 할 거여? (아니요) 너희들
서로 싸우고 그러면 안 돼 알았지? (네) 전처럼 둘이 사이
좋게 놀고 만약에 또 싸우게 되면 얼른 화해하고. 싸우지
않으면 좋겠지만 만약 다시 싸우게 되더라도 용기를 내서
얼른 사과하고 화해하면 돼. 알았지? 먼저 사과하는 사람
이 어른이여. (네) 할 수 있겠어?"

두 아이는 '네, 죄송해요.' 한다. 누가 봐도 분명한 잘못을
하고 나서도 그런 적이 없다, 기억이 안 난다, 일부러 그런
게 아니라며 부정하고 변명하는 어른들보다 훨씬 낫다. 괜
찮아. 얼른 얼굴 씻고 와서 선생님이랑 공부하자.

"…마음을 이해해 줘서 위로를 받았다…마음을 이해하려
고 노력했다…"

중학교 2학년 수업에서 이런 문장이 나왔다. 열심히 옮겨
적는 학생들에게 말한다. 나 역시 다른 사람이 마음을 알
아 준 것으로 큰 위로가 된 경험이 있다고. 친구를 돕고 싶
어 하는 마음 따뜻한 아이들에게 어떻게 하면 사람을 위로
할 수 있는지 알려 주고 싶었다. 우리가 할 수 있는 일은 무
엇일까. 다른 사람을 위로하려면 어떻게 해야 좋을까. 교
과 내용을 이용하여 인성교육으로 자연스럽게 이끌었다.

"누군가 내 마음을 이해해 주면 그걸로 충분한 위로가 돼
요. 사람들마다 가치관이 다르니까 서로 존중하고 이해해
야 한다고 했죠? 하지만 다른 사람의 마음을 정확하게 이
해할 수는 없어요. 사람들이 외로운 이유가 세상에 나 같

은 사람이 나밖에 없기 때문이라는 말도 있거든요. 누가 누구의 마음을 정확하게 이해한다는 건 불가능에 가깝다는 뜻이죠. 하지만 대략 알아봐 주는 건 가능하지 않을까요? 속상했겠구나. 힘들었겠구나. 답답했겠구나. 서운했겠구나. 하는 식으로요.

누가 내 마음을 이해해 주면 위로가 되고, 위로받으면 다른 사람을 이해해 줄 여유가 생깁니다. 그렇게 다시 누군가의 마음을 이해해 주면 그 사람도 위로를 받습니다. 선순환이 생기는 것이지요. 그렇다면 내 마음을 이해해 주지 않는 사람은요? 마음에 여유가 없어서 그럴 거 같습니다. 왜 여유가 없을까요? 그 사람도 충분히 위로받지 못했기 때문입니다. 왜 위로받지 못했을까요? 아무도 마음을 이해해 주지 않았기 때문입니다.

이런 식이라면 악순환이 됩니다. 이해받지 못해서 위로가 부족하고 그러니 여유가 없어 다른 사람을 이해해 주지 못하는 식입니다. 이런 악순환은 주변에서 흔히 발견할 수 있어요. 여러분도 이해받지 못해 서운했던 경험이 있으실 거예요. 그러면 남을 이해해 줄 여유가 없어서 생기는 이 악순환의 고리는 어떻게 누가 끊어야 할까요?

이렇게 계속 반복되면 끝없이 악순환으로 이어진다는 걸 알아차린 사람이 끊어야 합니다. 이해를 통해 위로받고 행복해진 사람이 점점 늘어나면 처음에는 가까운 사람들만 행복하겠지만 점차 널리 퍼져서 행복한 세상이 됩니다. 결국 내가 행복한 사람들로 가득한 세상에서 살게 되는 것이지요. 작은 실천으로 세상을 바꾸는 큰일을 해내는 것입니다.

누구든 이해받고 싶어 하고, 모든 사람은 사실 다 위로가 필요합니다. 우리는 받고 싶은 것을 먼저 주는 사람이 됩시다. 이해받기보다는 이해하고, 위로받기보다는 위로하며, 용서받기보다는 용서하고, 누군가와 친해지고 싶다면 먼저 손을 내미는 사람이 됩시다.

평소라면 어렵겠지만 오늘 이렇게 훌륭한 선생님께 (에헴!) (오! 와!! 짝짝짝) 훌륭한 수업을 들으셨으니 (에헤엠!) (우와! 짝짝짝!!) 충분히 할 수 있을 겁니다, 맞지요? (네!!) 악순환의 고리를 어떻게? (끊어요!!) 내가 먼저 친구에게 손을 어떻게?? (내밀어요!!) 이해받기를 원한다면 나부터 먼저 어떻게? (이해해요!!) 자, 똑똑한 우리 모두를 위해 다 같이 박수 한 번 칩시다! (짝짝짝짝!!) 건강하고 씩씩해지고 싶은 사람이라면 더 신나게 칩시다! (우아! 짝짝짝짝짝짝!!) 멋집니다, 따봉 백만 개 드릴게요!"

새 학년이 시작됐다. 일하다가 손가락 끝을 세게 부딪쳤는
데 첫날은 아프기만 하더니 다음 날부터 슬슬 멍이 올라
온다. 특별한 외상이 있는 건 아니라서 항생제나 먹고 병
원은 가지 않았다. 욱신거리는 건 좀 덜한데 보기가 안 좋
았다. 상처를 싸매려고 하니 보건 선생님이 바람이 통하게
두는 편이 더 낫다고 해서 그냥 뒀다.

수업을 마치고 1분 정도 아주 짧게 시간이 남았다. 맨 앞
에 앉은 학생이 내 손가락을 보며 다치셨냐고 묻는다. 그
래서 손을 들어 보여 주면서 열심히 가르치다가 부상을
당했는데 아프다고 너스레를 떨었다. 이것 좀 보라고요 내
가 이렇게나 열심히 수업을 했다고요 하며 장난을 쳤다.
그때 잠깐 나를 바라보던 학생이 내 손가락에 호 하고 입
김을 불어 준다.

곧바로 종이 울려서 순간적으로 눈물이 핑 돌은 건 아무도 못 봤다. 여러모로 다행이다. 이런 착한 학생들 앞에 설수 있어서, 내가 교직을 선택해서, 손가락을 다쳐서, 마침종이 울려서.

선생님이 더 노력할게. 너희들의 이야기를 잘 들어 주고힘들 때 위로해 줄 수 있는 좋은 선생님이 될게.
사… 사… 좋아해!

"형식은 중요합니다. 내용이 더 중요하다고 얘기하는 경우도 있습니다만 글쎄요. 여러분은 착하고 훌륭한 학생들입니다. 그렇죠? 그걸 선생님이 어떻게 알았을까요? 네, 여러분이 제게 보여 준 말과 행동을 보고 알았습니다. 만약 여러분의 말과 행동에 문제가 있었다면 어땠을까요? 맞아요. 여러분이 얼마나 착하고 훌륭한 학생인지 알지 못했을 것입니다."

형식에 문제가 있으면 아무리 내용이 좋아도 내보일 기회가 없는 경우가 있다. 보이는 게 실제만큼 중요한 것이다. 다른 사람과 대화할 때, 아무리 맞는 말을 하더라도 말하는 태도나 말투를 지적받는 경우가 있다. '그래, 네 말이 맞아. 그런데 왜 말을 그런 식으로 해?'라는 지적을 받는다면 애써 맞는 말을 하고도 손해를 본다. 때로는 말하는 태도와 말투, 곧 형식 때문에 내용이 제대로 전달되지 않을 수도 있다. 형식은 목표를 이루는 데 아주 중요한 요소다.

"귀한 손님이 오면 좋은 그릇을 꺼냅니다. 중요한 사람을 만나러 갈 때는 옷차림에 신경 씁니다. 격식에 맞게 인사하고 예의 바르게 행동합니다. 형식이 갖춰져야 관계를 시작할 수 있는 경우가 많습니다. 내용 없이 형식만 중시하는 게 문제인데 그렇다고 해서 형식이 별거 아닌 게 아닙니다. 별거 아니라 여기는 '형식'도 틀린다면 더 중요한 '내용'은 얼마나 더 틀리고 실수하겠나 생각되는 것이지요. 작은 것을 소홀히 하는데 어떻게 큰 것을 잘하겠냐는 게 보통의 판단입니다."

형식은 내용을 유지한다. 형식이 깨지면 그 안에 담긴 내용도 온전하지 않게 된다. 깨진 잔에는 물을 담을 수 없다. 내용은 형식에 담기지 않으면 전달되지도 유지되지도 않는 경우가 많다. 말은 '아' 다르고 '어' 다른 법. 이는 표현, 곧 형식이 얼마나 중요한지를 알려 준다.

"형식을 하찮게 여기지 마세요. 스테이크를 개밥 그릇에 담아 내밀면 기쁘게 받을 사람이 있을까요? 깨진 그릇에는 좋은 음식을 담지 않는 법입니다. 여러분, 예의 바르게 행동하고 격식을 차릴 줄 아는 사람이 되십시오. 주변에서 여러분을 바라보는 시선과 평판이 달라지는 걸 느낄 것입니다."

원가족 안에서의 관계성은 사회에서 맺는 다른 관계에서
도 반복되는 경향이 있다. 일단 내 모습을 떠올리며 가족
관계성을 하나하나 곱씹어 본다. 아버지와의, 어머니와의,
형과의… 그리고 나 자신과의 관계. 그러다가 우리 학교
학생이 떠올랐다.

학교 선생님들께 어깃장 놓고 가시 돋은 고슴도치마냥 늘
화나 있는 학생이었다. 마음의 문을 닫고 있으니 친구들도
다가가기 어려워한다. 그러니 자연스레 친구 없이 혼자 있
을 때가 많다. 상담 선생님 말씀으로는 남자 어른을 보면
그냥 화가 난다고 했다는데, 혹시 아버지와의 관계에 문제
가 있나 싶어 학부모님 두 분과 통화를 해 보고 아이 말을
들어 보았다. 아버지는 매사 반듯한 분인데 워낙 기준이
분명하여 아이를 허용해 주는 폭이 좁다고 한다. 본래 자
유분방하고 틀에 얽매이지 않는 성향인데다가 나이가 어

려서 조금 더 그런 성향이 강한 학생과 사이가 좋지 않겠구나 하는 생각이 들었다.

아버지와 사이가 좋지 않은 것 자체만으로도 가족 입장에서는 힘든 일이겠지만, 아이가 사회에서 만나는 사람들과의 관계 안에서도 이런 문제가 계속 반복될 거라고 생각하니 뻗대는 아이가 안쓰러웠다. 사람은 자신에게 영향력이 큰 사람의 시선으로 스스로를 보는 경향이 있다. 아이에게 칭찬보다 꾸중, 격려보다 염려를 많이 하시는 양육자의 시선으로 자기 스스로를 인식하게 될 테니 자신감도 떨어지고 무엇보다 스스로를 '나쁜 아이'라고 생각할 것이 염려된다.

뾰족한 가시를 세우고 주변 사람들에게 거리 좁히기를 허용하지 않는 아이. 선생님과 친구들이 친해지고 싶어 말을 걸어도 대답이 없고 늘 공격적인 태도로 대하는 학생을 생각한다.

"자세히는 모르겠지만 네가 다른 사람에게 하듯 스스로에게도 그러겠구나 싶어 마음이 아프다. 너도 참 힘들겠다. 내가 너를 어떻게 도와주면 좋을지 선생님이랑 같이 방법을 찾아볼까?"

라디오방송에 이런 사연이 올라왔다. 정규직으로 일하는 아들이 늦잠 때문에 계속 지각해서 동료들과 문제를 일으키고 상사에게 경고도 받지만 정작 본인은 문제를 심각하게 받아들이지 않는다는 것이다. 어머니는 매일 아침마다 전화를 걸어 아들을 깨워 왔다고 한다. 아들의 행동과 독립성 개선에 상담이 도움 될지 궁금하다는 내용이었다. 방송을 듣자마자 바로 머릿속에 어떤 솔루션이 스치고 지나갔다.

'성인 자녀의 지각 문제는 일상적으로 발생할 수 있는 문제이며 의료적인 치료가 필요한 경우도 있지만 일반적으로는 상담과 같은 지원을 통해 해결할 수 있는 경우가 많다. 먼저 이 아들의 지각 문제가 일시적인 것인지, 지속적인 것인지를 파악하는 게 중요하다. 지속적인 문제라면 일상생활에서 아들의 집중력이나 기억력에 문제가 있거나 ADHD와 같은 문제를 겪고 있을 가능성도 있다. 이 경우 전문의의 치료를 받는 게 좋다. 하지만 대부분의 경우 지각 문제는 습관이나 일상생활에서의 부주의로 인해 발생한다. 이 경우 아들에게 출근 시간을 준수하는 게 중요하다는 걸 명확하게 전달하고 출근 시간을 지키는 습관을 만들기 위해 일정한 규칙과 일정을 설정하도록 하는 게 좋다. 또한 아들이 출근하기 전에 미리 준비를 하고 출근 시간을 계획하는 게 도움이 된다. 만약 이런 방법이 효과적이지 않다면 아들과 함께 상담 치료나 지원을 받는 게 좋다. 상담 치료는 아들이 출근 문제에 대해 어떻게 생각하고 있는지 그리고 출근 시간을 지키는 게 왜 중요한지를 이해하는 데 도움을 줄 수 있다. 또한 출근 시간을 지키기 위한 습관 형성과 관련된 실용적인 조언을 제공할 수 있다.'

솔루션을 생각하다가 전에 내가 가르쳤던 학생이 떠올랐다. 사실 기사에 나오는 청년이나 내가 가르쳤던 학생 모두 부모 문제도 있었다. 정신과 전문의가 사연에 답한 내용을 보니 내가 생각한 일반적인 해결 과정에 더해서 부모 문제를 더 중점적으로 지적하고 있었다. 자녀가 성인이니 스스로 문제를 다룰 수 있도록 손을 떼라는 것이다. 너무 애지중지하느라 자녀에게 일체의 짐을 지우지 않으려는 부모를 종종 만난다. 분명 자녀에 관한 일인데 문의도 변명도 제출물도 모두 부모가 도맡아 처리한다. 그럴 때마다 나는 이렇게 말한다.

"아이에게 중요한 일은 아이가 직접 경험할 수 있도록 맡겨 주세요. 불안하고 안쓰러운 마음, 확실하게 처리하시려는 마음은 이해하지만 사람은 자신에게 중요한 일을 직접 처리하는 경험을 쌓지 않으면 성장할 수 없습니다. 내게 중요한 일을 대신 알아보고 처리해 주는 사람이 있는데 굳이 내가 그걸 고민할 필요가 없으니까요. 나이를 먹어도 미성숙한 채로 남게 됩니다."

이러면 다들 말로는 알겠다고 하지만 속이 상했는지 문제 행동을 지속하거나 관리자에게 전화해서 불쾌하다, 저런 게 무슨 선생이냐, 자질이 없다며 항의를 하기도 한다. 때가 됐는데도 병아리가 알을 깨고 나오지 않으려 한다면 어떨까? 병아리조차 되지 못할 테니 닭으로 커 나갈 수가 없다. 어른이 되면 어차피 힘들게 살게 된다면서 부모님 슬하에 있을 때까지는 뭐든 다 해 주겠다는 분들을 간혹 본다. 인간이 성장하는 데 필요한 자율과 도전, 실패, 성찰 등을 경험할 기회를 주지 않는다. 의도는 '보호'인데 결과는 '성숙'을 가로막아 자녀의 성장이 지체된다. 어쩌면 부모는 아이가 아무것도 할 수 없는 갓난아이의 모습인 채로 자신의 곁에 머물길 바라는 것일지도 모르겠다. 성인이 된 자녀를 수발들어 주면 부모와 자녀의 삶이 모두 망가진다. 특히 심각하게 망가지는 건 자녀의 삶이다.

학부모들과 대화를 나눠 보면 온통 아이에 대한 안쓰러움과 불안으로 가득하다. 그래서 자꾸 뭐든 대신해 주게 되고, 아이는 자신에게 중요한 문제든 사소한 문제든 직접 다뤄 볼 기회를 빼앗겨 아무리 시간이 지나도 뭐 하나 제대로 할 수 있는 게 없다. 그걸 바라보는 부모는 또 다시 안쓰러움과 불안이 강화되는 악순환이 일어난다. 최근에는 연금을 받는 70대 부모에게 얹혀 지내는 미혼 40대 자녀가 늘고 있다고 한다. 평생 단기 아르바이트 이외에 특별한 직장을 갖고 사회생활을 하거나 이성과 교제를 한 경험조차 없는 경우도 있다고 하는데 앞으로 주위에서 쉽게 볼 수 있는 사례가 될 것 같아 씁쓸하다.

벚꽃나무는 상처 입은 곳에서 가지가 뻗어 나오고 꽃을 피우나 보다. 그렇지 않고서야 저렇게 많은 꽃이 한꺼번에 달릴 수가 있나. 마치 항의하듯 세상을 향해서 잎보다 먼저 꽃을 터뜨리는 벚나무를 본다. 개나리와 벚꽃은 보통의 식물과 다르게 잎보다 꽃이 먼저 피는데 사람도 그런 경우가 있다. 남이야 어떻든 간에 자신만의 순서와 속도로 꽃을 피우는 사람이 있다.

이런 생각을 하면 떠오르는 학생들이 있다. 하나같이 각각 한 방이 있는 아이들로 다들 평범하지 않다. 보통의 또래 아이들이 따르는 규범에는 통 관심이 없다. 수업 시간에 공부하기 싫다고 대놓고 얘길 한다. 자는 것도 아닌데 엎드려서는 이상한 소리를 내거나 혼자 웃는다. 그러다가 갑자기 일어나 친구에게 가서 말을 걸고 티격태격한다. 초등학교도 아닌 중학교에서 그렇다. 나중에 들어 보면 그 아이의 형은 바로 옆 고등학교에서 그런다고.

선생님들은 주의력결핍과잉행동장애(ADHD)가 의심된다고 한다. 상담 선생님 의견도 그렇다. 그분들 의견을 마땅히 존중하지만 나는 좀 생각이 다르다. 다른 가능성을 의심한다. 어떤 상황에서 그렇게 행동하는지가 중요하다. 보통 때도 그러는지 알아보니 아니란다. 평소에는 친구들과 잘 놀고 자기통제력도 어느 정도 있는 것 같다. 산만한 성격인 건 맞는 것 같은데 수업 시간에 보이는 모습만큼 과한 건 아니다. 그럼 질병은 아니다. 사람이 스트레스를 과도하게 받으면 뇌 기능이 일시적으로 퇴행되어 ADHD와 비슷해 보이는 경우가 있다. 아이의 학습 결손과 자신감 정도, 문제 해결력, 수업 시간을 연결해 본다. 그리고 혹시 몰라서 진로유형검사를 해 본다. 계속 지켜본 결과 성격유형은 어느 정도 알 것 같았고 진로유형검사로 짐작한 걸 확인하려는 것이었다. 더하여 두 결과 사이의 역동성을 살폈다. 다행히도 아이는 활동적이고 규범을 중시하지 않는 성향이 강할 뿐이었다. 산만한 성격이지만 친화력이 좋아 영업을 하거나 사업을 하기에 유리한 강점이 있다.

아이를 교무실로 불렀다. 풀이 죽은 아이가 시들시들하게 들어온다. 아이를 내가 쓰는 큰 의자에 앉혔다. 널찍하고 빙글빙글 돌아가는 의자에 앉은 아이 표정이 조금 풀어진다. 사실 아이에게는 여러 사람에게 알려지지 않은 재주가 있다. 아*폰을 기가 막히게 수리한다는 얘길 여러 명에게 들었다. 고장 부위에 따라 어디에서 어떤 부품을 사야 하고 시세가 어느 정도인지 영어로 되어 있어도 문제없다. 해외 사이트를 통해 부품을 구해서 직접 수리하고 필요하면 개조도 한다. 불법인 걸 떠나서 재주가 대단하다. 아직 어리지만 솜씨는 온라인 동호회에 있는 어른들도 인정하는 수준이라고 했다.

"수업 시간에 많이 답답하지? (예) 지루하고 심심할 거 같은데 어때? (예) 아침은 먹고 오는 겨? (아뇨) 집에서 부모님이 너 이런 기술 있는 거 아시냐? (예) 뭐라고 하셔? 칭찬해 주실 거 같은데? (쓸데없는 짓 하지 말고 공부나 열심히 하래요) 어땠어? (알았다고 했어요) 아니, 뭐라고 했냐가 아니라 너 기분이 어땠냐고. (서운하고 열받았어요) 그랬을 거 같아서 물어봤어. (예…) 내가 너를 왜 불렀을 거 같아? (수업 시간에 돌아다니고 장난쳐서요) 아닌디? (…어?) 그래서 부른 거 아니고 너랑 친해지고 싶어서 불렀지. (…) 너는 선생님이 볼 때 분명히 훌륭한 사람이 될 거 같거든. (…) 나중에 만나기 힘들 만큼 유명하고 훌륭한 사람 될 거 같아서 미리 친해지려고 불렀지. (…예) 의심하는 겨? (…) 선생님이 아닌 걸 기라고 하고 직접 말해도 되는 걸 막 돌려서 빙빙 어? 막 꼬아서 얘기할 사람이여? 수업 때 겪어 보니까 어뗘? (…그건 아니에요) 선생님 얘길 믿어 못 믿어? (…) 아직도 의심이 드냐 이 믿음이 약한 자야. 잘 들어. 선생님은 공부 잘하는 게 진짜 중요하다고 생각하는 사람이여. 내용이 중요해서 그런 게 아니라 습관이 들어야 하니까. 그러니까 잘하는 것보다 열심히 하는 게 사실은 더 중요하지. 너 아*폰 고칠 때, 나는 못 봤는데 직접 본 애한테 들어 보니까 숨도 안 쉬는 것 같다더라. 그 정도 집중해서 문제를 해결할 줄 아는 사람은 평소에는 어떨지 몰라도 나중에 꼭 필요하다고 느끼는 일은 비슷하게 해낼 수 있을 거 같아. 어떻게 생각허냐? (슈퍼 히어로 같은 거요?) 그렇지! 슈퍼 히어로 알잖어? (예) 배트맨 봤지 박쥐 가면! (예) 평소에는 평범한 아저씨잖어. 근데 나쁜 놈 나타났다고 박쥐 조명 떠 봐라. 겁나 멋있게 변신하잖어? 니가 딱 그거여. (예) 아직도 안 믿기나 보네. 뭐 괜찮어. 내가 이런 얘기 조금 했다고 니가 금방 아! 그래요? 하하하! 하는 것도 웃긴 거고 시간이 지나면 스스로 알게 될 거여. 아, 그래도 내가 집중할 때는 하는구나. 괜찮은 사람이구나. 그때 선생님 말씀이 맞았네 하고. (예) 요즘도 고치냐? (요즘은 안 해요) 왜? (형들이 자꾸 귀찮게 해서요) 돈 달라는 놈들이 있어? (그건 아닌데 자꾸 휴대폰 들고 와서 고쳐 달라고) 부모님한테 말씀 드리고 돈 받고 고쳐 주지 왜? (부모님이 제가 폰 고치는 거 싫어하세요) 그럼 내 거나 한 번 고쳐 줘. (선생님은 한 번 해 드릴게요) 근데 선생님은 아*폰 아니여."

자기 계발, 동기유발 영상을 보니 이런 내용이 나온다.

"식당에서 미디엄 레어 스테이크를 주문했는데 웰던 닭구이를 가져오잖아요? 전 그냥 먹습니다. 그게 뭐가 그렇게 중요해요? 교통체증 구간에서 누가 끼어들고 손가락 욕을 한다? 겨우 이런 것에 그런다고? 교통체증 따위에 이토록 화가 난다면 절대 성공하지 못할 겁니다. 이걸 알아야 합니다. 친구가 쇼핑 같이 가자는 얘기 안 했다고 화가 난다? 도로에서 누가 끼어들었다고 화가 난다? 친구가 기분 나쁘게 해서 화가 난다? 직장 동료가 좀 무례해서 화가 난다? 그럼 망하는 거예요. 쓸데없는 데다 신경 쓰고 있잖아요. 그 에너지를 더 큰 문제 해결에 사용하세요. 그러면 더 큰 걸 이루게 됩니다."

물론 유난히 예민한 사람도 있다. 이들은 남들이 사소하게 생각하는 걸 중요하고 민감하게 받아들인다. 그런 사람들을 비판하려는 내용이 아니다. 그러니까 이 이야기의 핵심은 맨 마지막 줄에 있다.

'되도록 에너지를 좀 더 가치 있는 데 집중해야 한다. 그래야 더 가치 있고 중요한 목표를 이룰 수 있다.'

"우리는 어쩌면 누구나 에너지를 공평하게 가지고 있을지 모릅니다. 그런데 같은 시간 동안 어떤 이는 작은 목표조차 이루지 못하고 누군가는 큰 목표를 이룹니다. 이런 차이는 어디에서 생길까요? 집중력이라는 건 이런 겁니다. 주어진 시간과 쓸 수 있는 에너지는 전부 한정적인 자원인데 이를 얼마나 한곳에 집중할 수 있느냐가 성패를 결정한다고요. 남들보다 더 많은 시간 동안 더 많은 에너지를 쓴 게 아니라 그저 더 가치 있고 중요한 목표를 위해서 사소한 곳에 에너지를 낭비하지 않는 것뿐입니다. 수업 시간에 집중하라고 하면 미간에 힘을 주고 인상을 찡그리거나 눈에 힘을 주고 뚫어지게 쳐다보는 학생들이 있습니다. 예! 지금 저를 바라보는 몇 분이 그러시는데 어우, 너무 부담스럽습니다. 집중은 그런 게 아니라 머릿속에서 자동으로 떠오르는 이런저런 잡념들에 에너지를 빼앗기지 않는 것입니다. 잡념이 떠오르면 어떻게 해야 할까요? 그게 멈추려 한다고 멈춰질까요? 마음대로 되면 잡념도 아닙니다. 잡념이 떠오르면 얼른 알아차리고 거기에 '잡념'이라는 이름을 붙여야 합니다. 그리고 다시 에너지를 중요한 곳에 집중합니다. 이름이 붙기 전까지는 정체 모를 애매모호한 생각이라서 마음대로 통제할 수가 없지만 이름을 붙이고 나면 정체가 명확해지면서 시선을 거둘 수 있게 됩니다. 할 수 있는 일, 더 중요한 일에 집중하세요. 몸이 있는 곳에 마음을 두세요. 그러면 놀라운 일이 일어날 것입니다."

우산은 비를 막는다. 우비를 입으면 좀 더 확실하게 비를 막을 수 있다. 하지만 비가 많이 오거나 바람이 거세게 불면 바지든 팔이든 어깨든 어딘가는 젖는다. 하나를 가르치면 열을 깨치는 사람이 있는가 하면 열을 가르치는데 하나도 겨우 깨치는 사람도 있다. 배움의 속도나 역량이 사람마다 다르니 어쩔 수 없다. 학생들도 마찬가지다. 그래도 포기하지 않고 열심히 가르치다가 이런 얘길 했다.

"수업 시간에 선생님이 여러분께 여러 가지를 얘기합니다. 열 가지 가르쳤다고 봅시다. 그중에서 여러분이 한두 가지만 배워 갈 수도 있습니다. 하지만 제가 폭우가 된다면 여러분이 아무리 우산을 쓰고 있어도 몸 어딘가가 조금이라도 젖겠죠. 우산을 쓰고, 우비까지 입고 있는 여러분이라 할지라도 제가 폭우가 되어 퍼부으면 결국 어딘가는 젖게 됩니다.

선생님이 폭우가 되겠습니다. 여러분이 어느 한 곳이라도 젖을 수 있도록 제가 폭우가 되어 퍼붓겠습니다. 한 사람의 일부라도 또는 여러분 전체 중 한 사람이라도 촉촉하게 젖을 수 있도록 더 세차게 퍼붓는 폭우가 되겠습니다. 그러다 보면 어느 날 여러분이 우산을 집어던지고 빗속으로 뛰어들 날이 오겠지요. 그런 날이 오면 좋고 오지 않아도 좋습니다. 그러거나 말거나 저는 계속 퍼부을 거니까요. 여러분이 수업 시간에 조금도 젖지 않고 수업 전과 다름없이 말짱하다면 우산을 탓하지 않고 내가 부슬비였구나 하고 반성하겠습니다."

"폭풍 저그!", "홍진호!!"

"어? 니들이 홍진호를 어떻게 알아?"

"유튜브에서 봤어요!", "얘 구독 신청했어요!"

"그래! 선생님은 폭풍이다!!"

새로운 이야기는 익숙한 방식으로 전달하는 게 효과가 좋다. 내용과 형식이 다 새로우면 낯설고 둘 다 익숙하면 진부하다. 학생들에게 이야기할 때는 그들에게 익숙한 비유와 예시를 들어야 효과가 있다. 뜻을 풀어 보면 다 맞는 말이긴 한데 학생들이 잘 모르는 비유와 예시를 사용하면 이해를 못하기도 하고 이해하더라도 낯설게 느낀다. 다양한 세대의 사람들과 원활하게 소통하기 위해서는 알아야하는 고사, 속담, 명언과 같은 경구를 학생들은 잘 모르고관심도 별로 없는 경우가 많다.

"논리적으로 짜임새 있고 고사나 속담, 명언을 잘 인용하며 말하는 사람을 보면 혀에 잘 드는 명검 같은 무기를 달고 휘두르는 느낌이 듭니다. 휘두르는 대로 쓱싹쓱싹 장애물이 잘리는 걸 옆에서 지켜보면 통쾌한 마음이 들거든요. 근데 한참 듣다 보면 분명한 차이를 느끼는 경우가 있어요. 예를 들어, 어떤 분은 논리적으로 참 앞뒤가 잘 맞는 말씀을 하는데 인기가 없어요. 다 맞는 말이야. 근데 사람들이 으응, 거참 맞는 말이네 하면서도 그 말에 선뜻 동의하지 않아요. 왜 그렇죠? 맞는 말인데? 반면에 어떤 분은 짜임새 있는 논리를 말하는데 어려운 말도 없고 사람들이 듣자마자 바로 알아듣고 심지어 웃으며 박수를 쳐요. 왜 이런 차이가 생길까요?

사람은 누구나 익숙한 이야기에 설득되는 경향이 있습니다. 따지고 보면 맞는 말이지만 영 어색하고 낯설면 귀에 잘 안 들어오고 쉽사리 동의하지 않아요. 설득력 있는 논리를 문화적으로 익숙한 방식으로 전달해야 받아들인다는 것입니다. 알약 중에 알록달록한 거 있죠? 잘 보면 '당의정'이라고 쓰인 약이 있어요. '당의'가 뭐냐면 '설탕 옷'이라는 뜻인데 약 자체는 효과가 좋지만 쓰니까 겉에 달콤한 설탕 옷을 입혀서 먹게 하는 거거든요. 그럼 아무리 약이 쓰더라도 일단 달콤하니까 삼키기 쉽지요. 배 속에 들어가면 맛을 모르거든. 거기는 맛을 느끼는 미뢰가 없어서 (오! 선생님은 어떻게 모르시는 게 없어요?) 쌤이 말했지? 이과 출신이라고! 에헴! 아무튼.

결국 우리는 동양 사람이니까 아무리 맞는 말이어도 동양적 레토릭을 쓰는 사람 얘기에 귀가 열리고 마음이 열리는 경향이 있어요. 특히 서양철학의 논리에 익숙하지 않으신 분들을 설득하려면 더 그래야 돼. 뭐랄까. 동양적 레토릭을 잘 쓰는 사람이 혀에 청룡언월도를 달고 휘두르는 관우라면 서양철학의 논리와 레토릭을 잘 쓰는 사람은 엑

스칼리버를 달고 휘두르는 아더왕이라고 할까? 여기는 동양이니 관우가 이기죠. 서양의 철학적 명제보다 한국 속담이나 사자성어를 쓰는 게 더 설득이 잘 돼요. 일상에서 누구나 경험하는 걸로 비유를 들거나.”

“예를 들어 주세요.”

“고기가 자꾸 타는데 고기만 새로 올린다고 맛있는 고기 먹을 수 있습니까? 그럴 때는 새로운 고기를 올릴 게 아니라 불판을 바꿔야 합니다! 이렇게 얘기했던 사람이 있었어요. 그 사람을 좋아하든 좋아하지 않든 그가 하는 말이 무슨 뜻인지는 누구나 단숨에 알아들었죠. 그렇게 말할 수 있는 사람이 요즘은 참 귀한 거 같아요. 다 맞는 말을 하는데 사람들에게 잘 받아들여지지 않는 경우를 보면 이런 게 참 아쉬워요.”

물리학에는 관성의 법칙이 있다. 관성은 물체가 밖의 힘을 받지 않는 한 정지 또는 등속도운동의 상태를 지속하려는 성질을 말하는데 보통 질량이 클수록 물체의 관성이 크다. 심리와 행동에도 이러한 관성이 있다. 습관이라고도 하고 누적된 과거에 의한 필연성이라고도 한다. 가만히 들여다보면서 성찰하지 않으면 혼자서는 쉽게 알아차리기 어렵고 그래서 고치기는 더 어렵다. 남에게 지적을 받으면 스스로 알고 있는 문제일수록 화가 나고 저항하는 경우가 많다. 애초에 습관은 사람에게서 나온 것이지만 시간이 흘러 굳어지면 반대로 사람이 습관에 사로잡힌다. 주객이 전도되는 것이다. 습관에 휘둘리지 않으려면 어떻게 해야 할까.

"무심코 한 말이나 행동으로 인상적인 일을 겪었던 경험을 떠올려 봅시다. 무슨 일이 있었는지 간략하게 쓰고 그때의 생각과 감정을 구체적으로 적어 봅시다. (쓱쓱 사각사각) 다 썼으면 모둠 안에서 발표해 봅시다. (시끌벅적)"

"의식과 무의식이 있습니다. 마음이 배라면 무의식은 바다와 같습니다. 잔잔한 바다일 때는 배도 평안하게 떠 있지만 바다가 거세지면 배는 힘없이 흔들립니다. 습관은 무의식 속에 있습니다. 우리는 의지보다 습관에 더 많이 휘둘립니다. 의지가 약해서 계획대로 못하는 게 아니라 원래부터 의지만으로는 계획을 끝까지 이루어 내기가 어렵습니다. 의식은 하루 종일 작동하지 못하지만 무의식은 깨어 있는 동안이나 심지어 잠들어 있을 때도 온종일 우리를 지배하기 때문입니다.

무의식적으로 하기 싫은 일에는 안 해도 괜찮은 이유가 줄줄이 붙습니다. 반대로 하면 안 되지만 너무 하고 싶은 일에는 해도 괜찮은 이유가 줄줄이 붙지요. 이런저런 이유를 늘어놓지만 실은 그냥 하기 싫거나 하고 싶어서 그런 겁니다. 먼저 결정하고 합리화하는 것이지 합리적인 이유가 있어서 결정한 게 아니지요.

그러니 어떤 목표가 생긴다면 이유를 따지지 말고 무조건 그냥 해 버려야 합니다. 무식할 정도로 아무 생각 없이 기계처럼 하지 않으면 곧바로 무의식, 습관이 들고 일어나 방해합니다. 의지로 버틸 수 없을 만큼 방해가 극심합니다. 무의식이 일단 공격을 시작하면 의지도 설득당하는 경우가 많습니다. 몸에 나쁘니 하지 말아야 할 것들, 몸에 필요하니 꾸준히 해야 할 것들이 있습니다. 새해마다 다짐하는 '올해는 공부 열심히 해야지, 책 많이 읽어야지, 운동해야지' 같은 것들이 떠오릅니다. 어떻게 할 수 있을까요? 전문가의 도움을 받을 수도 있지만 결국 수행하는 나 자신이 문제인 경우가 많습니다. 생각을 하면서 실천하기는 어렵습니다. 기계적으로 아무 생각 없이 무조건 해 버려야합니다. 생각이 많으면 절대로 못합니다. 그냥 해야 합니다. 새로 습관이 만들어질 때까지는 그냥 아무 생각 없이 무조건.

무의식을 제대로 다룰 수 있어야 내가 나의 진정한 주인으로 거듭날 수 있습니다. 무의식이 아니라 내가 주인입니다. 휘둘리지 말고 휘두릅시다."

수업 지원을 가면 나도 아이들도 서로가 낯선 상황에서 곧장 수업을 해야 한다. 먼저 교실에 잘못 들어온 게 아니라 여러분들의 원래 선생님 대신 수업을 부탁받아 들어왔다고 설명한 다음 간단하게 소개하고 곧바로 수업에 들어간다. 낯설어서 경계하는 아이들도 있고 반대로 호기심을 보이는 아이들도 있다.

열심히 수업하다 보면 특별히 '기술'을 쓴 것도 아닌데 교실 분위기가 좋을 때가 있다. 교사 생활을 시작할 때부터 '잘 가르치면 재밌다'는 생각을 많이 했다. 아이들이 웃어야 수업도 잘되고 그래야 나도 편하니 어쩌면 웃기는 말투와 표정이 나도 모르게 자동으로 나오는지도 모르겠다. 아이들 반응이 좋으면 한때 레크리에이션 강사로 수련생들을 웃기고 울리며 한 손에 쥐고 흔들던 또 다른 내 자아가 슬슬 올라온다. 몇백 명도 쥐고 흔들었는데 스물다섯 명의 운명은 이제 바람 앞에 등불이다. 비법은 밝힐 수 없지만 장풍도 한 방씩 쏴 준다. 까무러칠 듯 날아가며 깔깔깔! 문학 수업을 해도 깔깔깔! 문법 수업을 해도 깔깔깔! 반응이 좋을수록 내 안의 흑염룡이 날뛰니 시간이 갈수록 깔깔깔! 마침내 아이들은 눈물을 흘리며 이렇게 말하는 것이다.

"꺄아아아!!!"
"선생님, 너무 웃겨요! 살려 주세요. 엉엉!!"

아이들을 웃다가 울게 만드는 수업지원교사. 그것이 바로 나다. 수업지원교사가 오는 줄 몰랐던 옆 반 선생님이 "레크리에이션 강사신가요?"라며 조심스레 묻기도 한다.

"앞으로 선생님이 계속 가르쳐 주시는 거예요?"
"선생님, 저 선생님 말씀 다 받아 적었어요! 우아, 이거 봐. 명언이야 명언!"
"훗! 제 수업에 어울리는 훌륭한 어린이가 되세요 뿅~"

뭘 해도 되는 날이 있다. 숨만 크게 쉬어도 자지러지게 웃는 아이들을 보면서 생각한다. 아이들한테서만 받을 수 있는 특별한 인센티브가 나를 계속 교사로 살게 하는구나.

언어 공부의 가장 기본은 단어의 뜻을 명확하게 알고 문장에서 어떤 식으로 쓰이는지 좋은 예문을 확보하는 것이다. 그러니 잘 다듬어진 문장이 나오는 교과서, 문학작품, 신문 기사를 많이 읽고 직접 짧은 글을 지어서 실제로 활용해 보면 좋다. 어휘력을 기르고 문해력을 높이기 위해서는 우선 사전을 익숙하게 사용하는 연습을 많이 해야 한다. 그리고 단어의 뜻을 파악하는 데서 그치지 않고 같은 뜻을 가진 영어, 한자 등을 찾아보거나 유의어와 반의어처럼 관련 있는 단어로 확장한다. 공부는 다 연결된다. 작은 것에서 큰 것으로 구체적인 것에서 일반적인 것으로 지식에서 인성으로 넘나들고 잘 엮어서 자유롭고 풍성한 수업을 하는 게 교사로서의 목표 중 하나다.

매조지, 공글리다 _____

매 – 조지

명사

1. 일의 끝을 단단히 단속하여 마무리하는 일.
2. [북한어] 동여매서 단단히 매듭짓는 일.

예문

지붕 이을 이엉도 엮으며 저희 딴엔 끼닛값을 하느라고 시늉껏 했습니다만 처소의 동무님들과는 일 매조지는 솜씨가 비견될 바 아니었지요. 출처 《객주》(김주영)

"끝이 좋으면 다 좋다는 말이 있습니다. '매조지'라는 단어는 지금은 잘 쓰지 않는 우리말로 '맺다', '매듭'이 떠오릅니다. 북한에서도 비슷하게 쓰는 걸 보니 통일에 대비하기 위해서라도 이런 단어를 많이 발굴하고 실생활에서도 사용하려는 노력이 필요하겠다는 생각이 듭니다. 앞으로 이런 단어를 발견하면 따로 잘 정리해서 사용하고, 관심을 가집시다. 국어 시간에 이런 단어를 소개하고 함께 익혀 보면 의미 있겠습니다. 오늘 수업은 이걸로 매조지겠습니다."

공글리다

동사

1. 바닥 따위를 단단하게 다지다.
2. 일을 틀림없이 잘 마무리하다.
3. 흩어져 있는 것을 가지런히 하다.

4. 마음이나 생각 따위를 흔들리지 않도록 다잡다.

예문

어떤 경우에도 꿀림을 당하지 않고 당당하게 대하겠다고 마음을 공글리며 만석이가 나타나기를 기다렸다.

출처 《타오르는 강》(문순태)

"문득 떠오르는 생각은 하루에도 수십 번씩 나타났다 사라집니다. 그런 것은 큰 가치가 없습니다. 그것 중 하나를 붙잡아 잘 공글리면 아이디어가 되고 그렇게 나온 아이디어를 체계화하여 이론으로 증명하고 다시 현실에서 가능하게 만들기 위해 기술을 개발하고 오랜 시간 동안 수많은 사람들이 힘을 모으고 막대한 자본이 투입되어야 겨우 결과물이 나옵니다. 문득 떠오르는 생각이 현실에서 사람들에게 쓸모 있는 무엇으로 쓰이려면 시간, 자본, 인력 등 많은 자원이 필요합니다.

순간적으로 스치는 생각을 붙잡아 공글리는 최초의 노력이 필요합니다. 꿈을 이룬다는 것은 이런 것입니다. 뭔가 되고 싶다는 생각은 누구나 수시로 할 수 있습니다. 하지만 꿈을 현실로 이룰 때까지 공글리는 사람은 적습니다. 그 무엇도 거저 이루어지지 않습니다. 가슴이 두근거리는 꿈이라면 오래오래 공글리시길 빕니다."

"108배를 꼭 해야 하나요? 30배만 하면 안 되나요? 언젠가 유튜브 영상에서 스님께서 어떤 분께 '30배만 하세요.'라고 말씀하시는 걸 들었어요."

"30배냐 108배냐가 중요한 게 아니에요. 108배가 너무 많다, 하기 싫다, 귀찮다는 생각이 문제지. 그러니까 자기는 무조건 108배를 해야 돼. 108에 무슨 의미가 있어서가 아니라 하기 싫다는 마음을 내려놓고 관성에서 벗어나야 자유로워질 수 있다는 거예요."

학교에서 규칙을 잘 안 지키려는 학생이 있다. "왜 꼭 8시 30분까지 와야 돼요? 5분 늦는다고 무슨 큰일이 일어나는 것도 아니잖아요."라든가 "왜 매일 청소를 해야 돼요? 귀찮은데요."라는 식이다. 아침 등교 시간을 지키고 매일 자기 책상과 교실 바닥을 청소하는 건 '하지 않으면 안 되는' 당위 같은 게 있는 것이 아니라 무의식 속에 깊이 배어 있는 '하기 싫다'는 버릇을 깨고 자기 경계를 넘기 위한 일종의 구실일 뿐이다. 시간 약속을 잘 지키고 규칙적으로 생활하며 깨끗한 교실에서 안전하게 활동할 수 있게 되는 건 덤이다. 정말 가르쳐야 하는 것은 무의식 속에 배어 있는 버릇, 곧 관성으로부터 자유로워져서 내가 바라는 나로 만들어 가는 법이다.

습성의 노예가 아닌 의지를 가지고 자신과 삶을 만들어 가는 자유인으로 살게 하는 것이 내 교육의 목표다. 나 자신이나 학생이나 누구든.

사람은 늘 ‘나’로 지내면서도 ‘나’에 대해서 잘 모른다. 내가 누구인지 깊이 생각하지 않기 때문이다. ‘나는 누구인가’라는 질문은 왠지 종교인이나 해야 하는 이른바 ‘답도 없는 선문답’이라고 여기는 경우가 많다. 실제로 학생들에게 눈을 감고 나는 누구인가를 생각해 보라고 하면 웃음이 터지는 경우가 많다. 이런 건 절에서 하는 거 아니냐며 장난치며 웃기는 답변을 하기도 한다. 아직 십 대인 중고등학생에게 너무 어려운 질문일까 싶다가도 교사로서 학생들에게 계기를 만들어 주어야겠다 싶다.

“나는 나로서 또 나로써 삽니다. 나는 본질이자 현상, 즉 목적이자 수단이라는 뜻입니다. 그런데 정작 내가 누구인지 별로 고민하지는 않습니다. 그러다 보니 ‘나’에 대해서 잘 모릅니다. 수단으로서의 나를 생각해 보면 어떤 기능이 있고 무엇을 할 수 있는지 어떻게 사용해야 가장 효과적인지 같은 것을요. 아마 대다수가 이와 비슷할 것입니다.

자, 여기 망치가 있습니다. 못을 때려서 박아 넣는 망치. 우리는 이것을 사용할 때 기능을 알고 사용합니다. 망치로 파리를 잡는 사람은 없습니다. 만약 있다면 그걸 본 사람들이 모두 비웃을 것입니다. 그런데도 우리는 '나'를 사용할 때 그런 어리석은 행동을 종종 저지릅니다. 망치로 밥을 먹으며 불편하다고 투덜댄다거나 심지어 망치를 난로에 넣어 버리기도 합니다. 장작이 아니라 망치인데도요!

게임 속에서 활약할 캐릭터character를 만들고 퀘스트 quest를 수행하며 경험치를 쌓습니다. 게임은 템발과 레벨발입니다. 더 좋은 템을 얻기 위해, 레벨을 더 높이 올리기 위해 많은 시간 게임 속을 헤매고 다닙니다. 그런데, 현실 속의 레벨은 얼마입니까? 어떤 템을 쓰고 있나요? 나는 현실 속 레벨을 올리기 위해 어떤 경험을 하고 있습니까? 현실 속에서 수행해야 하는 퀘스트는 무엇입니까?

자, 여기 우리가 읽고 요약해야 할 짧은 글이 있습니다. 모르는 단어가 있나요? 퀘스트를 해결하기 위해서 공략집을 읽듯이 모르는 단어의 뜻을 찾는 퀘스트 해결을 위해 사전을 읽습니다. 우선 사실적 읽기를 합니다. 이를 통해 알게 된 내용 중 중요한 순서대로 세 문장 또는 세 단어를 뽑습니다. 이제 이 내용을 다 포함할 수 있는 상위어를 찾습니다. 요약이 끝났네요. 경험치가 쌓입니다. 충분히 쌓이면 레벨이 오를 것입니다.

나는 나로서, 나로써 살아갑니다. 나는 내 기능을 이해하고 현실 레벨을 높이기 위해 충분한 경험치를 쌓아야 합니다. 선택할 수 있는 수많은 퀘스트가 있습니다. 부지런 해지고 싶어요? 일찍 자기 퀘스트를 수행하세요. 지각을 안 하고 싶습니까? 일찍 일어나서 빠르게 준비하기 퀘스트를 수행하세요.

자신이 힐러인데 그걸 모르고 까불다가는 어그로가 튀어서 죽습니다. 세상을 알기 위해서라도 우선 '나'에 대해 알아야 합니다. 우리가 온 우주의 신비를 다 알아내더라도 정작 나 자신에 대해 무지하다면 그 지식이 다 무슨 소용입니까?"

두려움을 모르는 불굴의 용기 같은 건 세상에 없다. 두려움을 모르고 날뛰는 건 '만용'이다. 다른 말로 객기, 허세라고 한다. 공통점은 분별없이 함부로 날뛴다는 점이다. 상대가 얼마나 강한지 알지만 어떻게 대응할지 계획을 세운 다음 맞서는 것이 용기다. 겁이 없는 게 아니라 겁을 내지 않고 씩씩하고 굳센 기운으로 맞서는 기개를 말한다.

용기는 분별에서 나온다. 분별은 생각이고 이해이므로 부단히 배우고 익혀 세상 물정에 대해 바르게 생각하고 판단할 수 있어야 참된 용기를 낼 수 있다. 상대를 파악하지 않고 무턱대고 달려드는 저돌성은 용기와는 거리가 멀다.

학생들과 지내다 보면 잘못된 개념을 갖고 행동하는 경우를 종종 본다. 선생님에게 대들고 교칙을 무시하는 걸 용기 있는 행동이라고 생각하는 학생이 있었다. 안하무인격으로 오만방자하고 교만하게 다른 사람을 함부로 업신여기는 아이를 불러 대화를 나눠 보니 그런 자신을 '용기' 있다고 생각하고 있었다. 그래서 용기에 대해 수차례에 걸쳐 이야기했다. 실제 사례를 제시하거나 학생들이 즐겨 보는 웹소설, 웹툰을 인용하여 잘못된 개념을 바로잡아 주려고 애썼다. 고전과 종교 경전에도 용기에 관한 다양한 가르침이 있어서 활용했다. 좀 더 길게 도와주고 싶었는데 다음 해에 학교를 옮기게 되어 이후 어떻게 되었는지는 잘 모른다.

잘못된 개념이었다는 걸 인정하게 하려면 구체적 사례를 많이 제시할 수 있어야 한다. 반드시 학생들이 잘 알고 있는 최신 자료만 쓸 수 있는 건 아니지만 그런 자료가 함께 제시되면 더 효과적이다. 역사 속 인물들 이야기라든가 신문 기사도 좋은 자료다. 경험상 이런 자료들은 특히 영웅 심리가 있는 남학생에게 효과가 좋았다.

누구나 잘못된 개념을 가질 수 있다. 국어교육에서 사전을 활용하여 명확한 개념을 잡는 연습이 이래서 꼭 필요하고 중요하다. 잘못된 개념이 문제 행동으로 이어지는 경우가 많기 때문이다. 이런 경우 행동만 지적해서는 문제가 개선되지 않는다. 올바른 개념을 가지고 있는지 혹시 정서적 문제가 있는 건 아닌지 두루 확인해야 더 잘 도울 수 있다.

자신을 함부로 대하는 학생을 보는 건 참 안타깝고 괴로
운 일이다. 습관적으로 자해를 하는 학생이나 학습과 생
활 습관, 교우 관계가 전반적으로 무너져 있어서 자포자기
상태로 하루하루 흘러가듯 지내는 학생들을 보면 어디서
부터 어떻게 도와야 할지 막막하다. '내가 도울 수 있을까?
어디까지 도와야 할까? 학생이 잘 따라와 줄까? 학부모님
과는 무슨 얘길 나눠야 할까?' 등등 생각이 엉킨 실타래처
럼 복잡해진다. 그래서 수업 때나 훈화 시간에 기회가 될
때마다 '나를 지키자'는 얘길 자주 한다.

"나를 지키자. 나는 나의 유일한 보호자로서 책임과 의무
가 있다. 내가 나를 지키지 않으면 아무도 지켜 주지 않는
다. 나를 지키기 위해서는 무엇을 해야 할까?"

'나를 지키다'라는 말은 육체적, 정신적, 감정적으로 나를

해칠 수 있는 사람들이나 상황으로부터 나를 안전하게 보호한다는 뜻이다. 나를 지키기 위해서는 먼저 자신을 잘 알아야 한다. 강점과 약점, 좋아하는 것과 싫어하는 것을 알아야 한다. 가치관과 목표도 알아야 한다. 자신을 잘 알면 삶을 더 잘 통제할 수 있다. 그래야 삶의 주인으로서 능동적으로 살 수 있다. 두 번째, 건강을 잘 관리해야 한다. 건강은 가장 소중한 재산이다. 건강을 잘 관리하면 몸도 마음도 건강해진다. 이를 위해서는 규칙적인 운동, 건강한 식단, 충분한 수면을 취하는 것이 중요하다. 세 번째, 위험으로부터 자신을 지켜야 한다. 이를 위해 학교에서 놀 때 위험한 장난을 하지 않아야 한다. 또한, 학교에서 폭력이나 따돌림을 당하거나 그런 친구를 알고 있다면 선생님이나 신뢰할 수 있는 어른에게 도움을 요청해야 한다. 길거리에서 이동할 때 교통사고 예방을 위해 휴대폰을 보며 걷지 않고 퀵보드 등을 이용할 때는 반드시 안전 수칙을 잘 지켜야 한다. 특히 인터넷 사용 시 개인정보를 보호하고 의심스러운 사이트에 방문하지 않는 등의 기본 사용 수칙을 잘 지켜야 한다. 네 번째, 자신을 사랑해야 한다. 이것이 '나를 지키다'의 핵심이다. 사랑하고 존중할 때만 자신을 잘 지킬 수 있다. '나를 사랑한다'는 건 자신의 가치를 알고, 자신을 위해 노력하며 강점과 약점을 모두 인정하고 받아들인다는 뜻이다. 자신을 사랑해야 자신을 돌보고 보호할 수 있다. 또 나쁜 관계를 피할 수 있고 나쁜 습관을 버릴 수 있으며, 스트레스를 잘 관리하고 건강을 지킬 수 있다. 자신을 사랑하면 우리는 행복하고 만족스러운 삶을 살 수 있다. 자신을 사랑하는 방법은 여러 가지가 있다. 칭찬하고 존중하기, 친절하게 보상을 해 주고 시간을 투자하기, 자신을 위한 일을 하기, 자신에게 감사하기 등이다.

"자신을 사랑하는 것이 가장 중요한 일이야. 나를 지키기 위해서는 자신을 잘 알아야 하고 건강을 잘 관리해야 하며, 위험으로부터 자신을 지켜야 하고 자신을 사랑해야 해. 남이 일일이 지켜 줄 수 없으니 스스로를 잘 지키자."

수업 시간에 만두 이야기가 나왔다. 개인적으로 만두, 순대, 김밥, 쌈을 좋아한다. 여러 재료를 하나로 감싸는 음식이라서 다양한 맛을 즐길 수 있기 때문이다. 교실도 사회도 마찬가지다. 다양한 사람들이 어울려 독특한 문화를 만들어 낸다. 흔히 해외 이주민들이 들어오면서 최근에서야 다문화 사회가 된 것으로 생각하지만 사실 개인마다 가정마다 각각 문화적으로 다양하기 때문에 두 사람 이상 모인 곳이면 어디든 다문화가 아닌 곳이 없다. 다양한 특징을 가진 학생이 모여 생활하는 교실은 그런 의미에서 다문화적인 성격을 갖는다. 나와 다른, 다양한 사고방식과 문화를 가진 사람과 어울려 함께 사는 법을 학교에서 배워야 한다. 학교를 벗어나면 공통점을 공유하는 집단을 찾아가기 때문에 학교 아니면 몸으로 부대끼면서 다문화를 직접 경험할 곳이 드물다.

"맛있는 음식을 먹었던 경험을 떠올려 봅시다. 그리고 짝 꿍에게 자신의 경험을 이야기하고 듣는 사람은 적절한 반응 보이며 듣기를 하면서 경청해 주세요.(시끌벅적)"

"쌤은 최애 음식이 뭐예요?"

"선생님은 만두를 좋아해요."

"어! 쌤 저도요. 야들야들한 만두."

"맞아요. 바삭바삭한 만두도 좋지만 입천장이 까지니까. 야들야들하든 바삭바삭하든 아무튼 만두가 좋습니다. 다양한 재료가 한입에 쏙 들어오니까 맛이 풍성하지요. ○○이는 만두가 어째서 좋을까요?"

"어, 저는 왜 좋은지 생각해 본 적은 없고요. 편의점에서 라면이나 삼각김밥 먹는 게 지겨우면 만두를 사서 먹어요. 간편하게 먹을 수 있고 맛도 있어요! 고기가 들어가서 그런가?"

"그렇구나. 선생님은 김밥도 좋아해요. 순대도 좋고. 그러고 보니 다 비슷한 특징이 있네요. 이것저것 재료를 섞어서 만든다는 거."

"그럼 쌤, 비빔밥도?"

"오! 그러고 보니 비빔밥도 좋네요. 음식을 좋아하는 게 아마 성격이나 가치관이랑 관계가 있는 거 아닌가 싶습니다. 나는 우리 반이 좋거든요. 함께 어우러져 서로가 서로에게 좋은 영향을 주니까요. 운동 잘하는 친구도 있고 발표 잘하는 친구도 있고 책임감 강하고 성실한 친구도 있고 늘 유쾌하고 다른 친구들 웃기기 좋아하는 친구도 있고 책을 열심히 읽는 친구도 있지요. 도움반 친구도 그런 역할을 하고 있습니다. 다양한 사람들이 함께 어울려 사는 세상에서는 내가 누군가를 도울 때가 있는가 하면 누군가의 도움을 받아야 할 때도 있습니다. 필요할 때는 누구나 도와줄 사람을 간절히 찾습니다. 그런데 그렇게 도움을 받은 다음에는 쉽게 잊어버리곤 하지요. 간절히 도움을 바라던 때의 심정을 기억할 수 있다면 도움이 필요한 사람을 쉽게 지나치지 않을 것입니다. 그런 사람이 가까이에 있다는 건 좋은 일입니다. 도움이 필요했던 그 순간의 간절함을 늘 기억나게 하니까요. 그리고 남을 도울 때 자존감이 올라옵니다. 우쭐대라는 게 아닙니다. 우리가 늘 강하거나 늘 약하기만 한 게 아니라는 걸 잊지 말라는 거예요. 교실에서 잘 연습하고 실천한다면 교실 밖에서도 그렇게 살아갈 수 있을 겁니다. 우리가 하는 작은 실천으로 세상이 조금 더 밝고 살 만해진다면 직접적으로 당장 혜택이 돌아오지 않는다고 해도 좋은 일입니다. 세상이 좋아지면 우리도 좋은 세상에서 살 가능성이 그만큼 높아지는 것이니까요. 잘할 수 있지요?"

약한 마음은 비범한 것에 관심을 갖고
위대한 마음은 평범한 것에 관심을 갖는다.

파스칼

"기본을 잘합시다. 모든 응용은 기본을 바탕으로 나오기 때문입니다. 기본은 매일 기계적으로 반복하는 일상입니다. 아침에 일어나서 이불을 정리하고 옷을 옷걸이에 걸고 내가 먹은 식기를 씻고 정돈하며 옷을 빨래 통에 넣어 두고 일정을 확인하고 해야 할 과제를 수행하는 것이 일상이고 이것이 기본입니다. 내가 사용하는 공간을 깨끗하게 정리하고 청소하는 것, 나를 위해 온갖 일을 다 해 주시는 부모님께 감사한 마음을 갖고 공손하게 말하고 인사하는 것, 음식을 먹을 때 이 음식을 마련하기 위해 내가 애쓰고 수고한 것이 하나도 없다는 것을 알고, 비록 돈을 지불하고 먹는 음식이라 해도 이 음식이 나에게 오기까지 고생하신 모든 분들과 자연에게 감사한 마음을 갖고 알뜰하게 먹는 것이 기본입니다. 사용한 물건을 제자리에 놓고 다녀간 자리를 말끔히 치워 왔다 간 흔적을 남기지 않는 것, 가까운 사이일수록 존중하고 배려해서 익숙하기 때문에 함부로 하지 않으려고 조심하는 것, 아끼고 사랑해 주는 분들에게 걱정 끼치거나 슬프게 하지 않는 것이 기본입니다. 약한 마음은 비범한 것에 관심을 갖습니다. 그런데 사실 비범한 것은 없거나 아주 드뭅니다. 무엇보다 비범한 것만으로는 삶이 극적으로 달라지지 않습니다. 인생의 대부분은 평범하고 일상적인 것들을 조금씩 꾸준하게 쌓아 가는 거니까요. 가까이에 있는 사람이 중요한 사람입니다. 건강을 위해서는 자주 먹는 음식을 중요하게 여겨야 합니다. 자주 가는 장소가 중요합니다. '내가 만나는 사람, 내가 가는 곳, 내가 읽는 책이 나를 말해 준다.'는 말도 있습니다. 그러니 일상을 더 많이 신경 써야 합니다. 뭔가 특별한 것, 어쩌다 한 번 우연히 주어지는 것에 너무 많이 마음을 쓰면 가까이에 늘 있는 중요한 것을 놓치게 됩니다. 다들 아시겠지만 네 잎 클로버는 행운을 뜻하고 세 잎 클로버는 행복을 뜻한다지요? 행운을 찾느라 행복을 지나쳐서는 곤란합니다.

기본을 잘하는 것이 중요합니다. 악기를 배워 보니 오래 하신 분들이나 실력이 좋은 분들일수록 연습을 시작할 때 항상 기본 연습을 빼놓지 않습니다. 운동을 하는 분들도 마찬가지입니다. 기본 몸풀기 동작을 절대 대충하지 않습니다. 근력이라든가 유연성처럼 어떤 운동에서든 기본적으로 필요한 기본운동을 충실하게 해야 부상도 예방할 수 있고 어려운 기술도 마음 먹었을 때 잘 사용할 수 있다고 합니다. 고급 기능이 좀 부족하더라도 기본기가 충실하면 기회가 옵니다. 최고가 될 수 없을지는 몰라도 꼭 필요한 사람이 될 수 있으니까요."

공부를 힘들어 하는 학생들에게 늘 얘기한다. 공부를 못하는 건 괜찮은데 딱 공부 하나만 못하고 나머지는 잘했으면 좋겠다고. 공부를 잘 못하거나 아주 뛰어나지 않더라도, 예의 바르고 정해진 시간 안에 결과물을 제출하며 약속을 잘 지키고 친구들과 원만하게 잘 지내는 학생들을 보면 크게 걱정되지 않는다. 학교 밖에서도 배우고 익혀야 하는 건 무슨 일을 하며 살든 마찬가지겠지만 자신에게 맞는 일을 찾고 좋은 인연을 만나서 어떻게든 성실하게 일하며 잘살 수 있을 것 같기 때문이다. 그런 아이들은 본인도 그런 자신감이 있어서인지 성적과는 상관없이 늘 당당하고 씩씩하게 학교생활을 한다. 모든 것이 기본에서 시작되고 마무리된다.

2 하루하루
교사가 되어 가기 위해

'우리'라는 말이 불편하다. 우리는 그에 속하지 않은 타인을 배제한다. 이 표현은 우리 밖에 있는 사람들이 함부로 끼어들 수 없는 장벽 역할을 할 때가 있다. 한 '우리'에 포함되어 있으면 다른 '우리'에 포함되지 못하거나, 누군가 '우리' 안에 들어오는 걸 막기도 한다. 이것은 경계, 즉 울타리이기도 하다. 한국인의 정情은 '우리' 안을 향한다. 일단 '우리'에 속하면 마치 식구처럼 대하며 서로 보살핌과 도움을 주고받을 수 있다. 우리는 남이 아니기 때문이다.

때로는 '우리'로 잘 지내다가 어떤 사건을 계기로 더 이상 '우리'가 아니게 될 때가 있다. 따뜻한 봄이 갑자기 한겨울로 변하듯 몸도 마음도 얼어붙는 걸 느낀다. 무리에서 떨어져 나와 홀로 고립된 초식동물처럼 맹수의 먹잇감이 되거나 과거의 '우리'로부터 공격을 받기도 한다. 아예 처음부터 '우리'가 아니었던 사람보다 더 큰 마음의 상처를 과거의 '우리'에게서 받는다. 많은 시간을 함께하며 수많은 이야기를 공유했기에 오히려 더 큰 곤경에 빠지기 쉽다. 가족에게도 말한 적 없는 내밀한 이야기를 나눴기에 더욱 그렇다. '우리' 안에는 구심점이나 추종자 같은 역할 분담이 있기도 하다. '우리'에 속한 구성원의 안위는 '우리'에게 달렸다. 그래서 어떤 사람들은 처음부터 '우리'에 속하길 거부하고 따로 떨어져 지낸다. '우리'는 마치 불과 같아서 너무 가까이 하면 몸을 태우고 너무 멀어지면 몸이 꽁꽁 얼어 버린다.

'우리'에 속하지 않기 위해서는 다부진 각오와 주체적이고 능동적인 태도, 무엇보다 혼자 있는 시간을 잘 견딜 수 있는 용기와 지혜가 필요하다.

'우리'의 배타성을 느껴 본 사람은 안다. 그게 얼마나 달콤하면서 쓸쓸하고 무서운 말인지.

어떤 생각이 떠오르거나 책을 읽든 누구에게 뭔가를 배우든지 해서 새로 알게 되고 느낀 것은 누군가에게 이야기를 해야 생각이 정리되고 선명해져서 비로소 내 것이 된다. 대화가 오가며 부족한 부분이 채워지고 불완전한 부분이 정교하게 완성되는 것이다. 말을 하면 미처 생각하지 못했던 점이 드러나고 핵심에서 벗어난 부분은 다듬어진다. 이러면서 단지 모호한 관념에 불과했던 생각이 체계적인 지식이 되어 머리에 장착된다. 나만 이런가 싶었는데 어디서 비슷한 문장을 보고 나만 그런 게 아니었다는 걸 알았다. 말을 하면서 생각이 정리되는 경험은 수업을 하면서도 종종 겪는다.

수업 마치기 10분 전에 학생들에게 그날 배운 내용을 정리하는 시간을 준 다음 친구와 짝 활동하는 시간을 준다. 무엇을 배웠고 어떤 생각이 들었고 느낌이 어땠는지 서로 이야기하며 정리하는 시간이다. 교사가 요점 정리해 주는 것보다 배움이라는 측면에서는 더 나을 것이라고 생각한다. 흩어진 생각의 파편은 말하고 쓰는 동안 정리되어 점점 더 선명해진다. 상담에서도 이런 방법을 쓴다. 내가 보기에 당신이 이러저러해 보인다고 말해 봤자 방어기제가 높은 내담자는 외부에서 규정하는 '나'를 받아들이지 않는 경우가 많다. 남이 읽어 주는 게 아니라 자기 언어로 감정을 직접 말해야 비로소 받아들인다.

다른 사람의 성장을 돕기 위해서는 많은 얘기를 들려주는 것보다 많이 말할 수 있도록 기회를 주고 격려하는 것이 좋다. 들을 때보다 말할 때 집중력과 사고력이 더 좋아진다는 것은 굳이 연구 결과를 확인하지 않아도 누구나 쉽게 예상할 수 있다. 학생이 다소 두서없이 말하더라도 교사나 부모님이 이야기의 흐름을 잡아 주는 적절한 질문과 반응으로 돕는다면 능동적이고 적극적인 사람으로 단단하게 성장할 것이다. 가르치는 목적은 학생의 배움이다. 많이 들어 주면 스스로 배운다. 조금만 도와주면 된다.

억울하면 출세하라는 말이 있다. 좋은 뜻에서 나왔다고 생
각한다. 억울한 일을 당한 사람이 분발하여 더 성장하도
록 독려하는 말이었을 것이다. 조금 뒤집어서 생각해 본
다. 억울한 일을 겪었어도 열심히 노력하면 출세할 수 있
을까? 애초에 출세가 그렇게 쉬운 건가? 아무리 생각해
도 아닌 것 같다. 출세하고 싶은 사람은 많지만 기회는 한
정되어 있다. 출세해야 억울한 일을 겪지 않는 세상이라면
좀 이상하다.

억울하면 출세하라는 말 속에는 출세 못하면 억울한 일을
당해도 어쩔 수 없다는 생각이 숨어 있다. 말하자면 그렇
게 말하는 이들의 무의식 속에는 억울한 일을 겪는 건 자
기가 못난 탓이라는 자조적 합리화가 있다. 하지만 출세하
지 못한 사람, 보통 사람, 조금 못난 사람이라서 억울한 일
을 겪어도 그냥 참아야 한다면 부당하다. 사람들 사이에
흔히 쓰이는 말들이 무서운 건 개인만이 아니라 집단이

공유하는 무의식이 담겨 있다는 점이다. 우리는 억울하면 출세하라는 말을 들으며 고개를 끄덕이는 세상에서 살고 있다. 이대로 괜찮은 걸까.

억울하면 출세하라고 얘기할 게 아니라 출세하지 않아도 억울한 일을 겪지 않는 세상을 만들려고 노력하자. 사람마다 '출세'의 기준이 다르겠지만 주변에서 저 사람 출세했다는 얘기를 한 번이라도 들었거나 그래도 이만하면 나도 꽤 출세했구나 하는 생각을 한 번이라도 무심코 해 본 사람이라면 그런 사람으로서의 책임감을 조금이라도 가지자. 다른 걸 떠나서 사랑하는 가족이 살아갈 세상이 '억울한 일을 겪었지만 출세 못해서 어쩔 수 없으니 그냥 가만히 참아야 하는 곳'이라면 그걸 용납할 사람이 있을까? '각자도생, 약육강식'의 원리가 작동하는 세상에서 살아야 할 가족을 위해서라도 출세한 내가 할 수 있는 만큼의 노력을 해야 하지 않을까? 가족을 가축으로 만들 수는 없지 않은가.

어쩔 수 없다고 생각하는 사람이 많을수록, 그렇게 생각하는 시간이 길수록 어쩔 수 없는 세상은 더 견고해질 것이다. 하지만 어떻게든 바꾸자고 생각하는 사람이 많아질수록 세상은 조금씩이라도 변할 것이다. 시간이 흐를수록 지금보다 더 나아져서 '억울하면 출세하라'는 말 대신 '출세하지 않아도 억울한 일을 겪지 않는' 세상에서 살아가기를 바란다.

고민苦悶

(명사) 마음속으로 괴로워하고 애를 태움.

생각

(명사) 1. 사물을 헤아리고 판단하는 작용.

… 8. 사리를 분별함. 또는 그런 일.

고민과 생각은 어떻게 다를까? 고민은 괴롭다는 감정이고, 생각은 분별하고 판단하는 이성적 활동이다. 고민으로는 문제를 해결할 수 없다. 문제를 해결하려면 고민이 아닌 생각을 해야 하는데, 먼저 뭐부터 해야 할까? 문제를 파악하는 게 해결의 시작이다. 문제인지 아닌지, 해결할 수 있는지 없는지, 해결할 수 있다면 방법이 무엇인지 등을 차례대로 알아 가는 식이다. 그런데 고민에 빠지면 문제를 파악하는 게 아니라 괴로움에 초점을 둔다. 때로는 문제 해결은 뒷전으로 미루고 원인이 뭔지 누구 책임인지를 따지는 경우가 많다. 이러면 시간이 지나도 해결되지 않는다. 괴로움만 더할 뿐이다.

학생들에게 고민과 생각에 대해 수업하다 문득 나를 돌아본다. 나는 일을 맡으면 시작도 하기 전부터 고민에 빠지는 경우가 종종 있다. 잘하고 싶은 욕심이 크거나 감이 잘 잡히지 않는 일일수록 더욱 그렇다. 자료를 찾아보니 완벽하고 싶은 욕구가 강한 사람일수록 시작을 미루는 성향이 있다고 한다. 그래서 나는 수업 때 알게 모르게 학생들에게 일을 빨리 시작하는 게 중요하다는 걸 강조한다. 괜히 고민하며 미루지 말고 빨리 해치우고 고민이든 생각이든 하라는 것이다. 시작하지 않으면 시작되지 않는다. 시작하기 전에는 막막하던 일도 막상 해 보면 걱정했던 것만큼 어렵지 않을 때가 많다. 시작이 반이라는 어른들 말씀은 정말 맞는 말이다. 시작이 어렵지 일단 시작하면 동력이 생긴다. 운동하러 나가야 한다고 고민하지 말고 일단 일어나 신발 신고 현관문을 나서면 그때부터 순조롭다. 차라리 그렇게 시작해 버리는 게 가만히 앉아 고민만 하는 것보다 훨씬 더 생산적이다.
학생을 가르치면서 나도 배운다.

진로를 고민하는 학생들이 많다. 나도 진로를 늘 염두에 두고 산다. 뭐 해 먹고 살까. 사실 이건 끝이 안 나는 고민이다. 나 자신도 진로 때문에 머리가 아프지만 맡은 역할이 있으니 학생을 상담한다. 어떻게 도울 수 있을지 생각하는데, 원론적이지만 '독특함'을 강조한다.

독특獨特

peculiar: special: original: unique: characteristic.

1. 특별하게 다름. 2. 다른 것과 견줄 수 없을 정도로 뛰어남.

獨 홀로 독. 1. 홀로, 혼자 2. 어찌 3. 다만, 오직

特 특별할 특/수컷 특 1. 특별하다(特別--) 2. 뛰어나다 3. 달리하다

* 特은 관청에서 제사에 사용하던 특별한 수소라는 의미에서 '특별하다'라는 뜻을 갖게 된 것.

사람은 누구나 독특한 존재로서의 삶을 추구한다. 독특하다는 것은 남과 구분되고 뛰어나며 유일하다는 뜻이다. 종교적인 의미도 포함된다. 말하자면 자신의 온 삶 안에서 독특함을 찾고 발현하는 일은 구도적인 행위이며 핵심은 믿음이다. 즉 내가 나를 누구라고 믿느냐에 따라 유일성이 결정된다는 의미다. 강하게 믿을수록 그 모습에 가까워진다.

찾는 사람은 발견하고 믿으며, 실천하는 이는 이룬다. 믿는 대로 실천하여 자신으로 삼는 것이 자기 확신성이다. 자기 확신성은 인간의 성장과 발달에 매우 중요하다. 이를 활용하면 진로교육을 도구 삼아 학생을 깊이 있게 이해할 수 있다. 이해는 위로와 치유로 이어진다. 자신의 능력과 가치를 알아주는 선생님이 있다면 그 학생은 얼마나 힘이 날까.

많은 것들이 이해와 존중, 환대에서 시작된다. 평범하면서 비범한 아이들을 만나 이야기를 해 보면 자신의 독특함을 단점이라고 생각해서 불안해 하는 경우를 종종 만난다. 의지가 약하고 변덕스러운 게 아니라 호기심의 대상이 빨리 바뀌는 것이다. 융통성이 없는 게 아니라 규범을 지키려는 성향이 강하고 성실한 것이다. 계획을 못 세우는 게 아니라 임기응변이 강해서 계획의 필요성을 못 느끼는 것이다. 사람은 다 특별하다. 그걸 깨닫고 완성해 가는 여정이 인생이다.

가르치기 유난히 힘들 때가 있다. 마음을 다치고 마음이 닫힌다. 그럴 때마다 혼자 마음을 다독이면서 스스로에게 이런 위로를 건넨다.

개인 역량이라는 게 참 대단해 보이다가도 돌이켜 생각해 보면, 무엇이든 혼자 열심히 해서 잘된 일은 없다는 걸 깨닫는다. 그동안 운 좋게도 고마운 분들, 좋게 봐 주시는 분들을 만났고 물심양면으로 도와주는 분들이 있어서 작은 성과라도 낼 수 있었다. 이런 분들을 만났을 때 마침 열심히 하려는 마음을 낼 수 있었던 게 큰 행운이다. '줄탁동기 啐啄同機'라는 게 이런 거구나 싶다.

하루를 무사히 지내는 사소한 기적은 별일 없이 잘 지나가도록 보이지 않는 곳에서 묵묵히 맡은 일에 최선을 다하고 애써 주신 많은 분들의 노력 덕분이다. 아무리 제 잘난 맛에 사는 세상이라지만 일상의 안녕이 많은 분들 덕분이라는 걸 깨닫고 감사하는 마음을 내면서 함부로 살지 말아야겠다고 다짐한다. 사람은 서로 기대어 '덕분'으로 살아간다. 아무리 대단한 사람도 자기 능력만으로 살 수는 없다.

모든 게 빈틈없이 완벽해서 편안해지는 게 아니라 다소 불완전하고 미흡하더라도 편안하게 생각하고 받아들일 때 비로소 편안해진다. 아무 문제가 없어 보여도 불안해하면 편하지 못하다. 흔들리는 서핑 보드 위에서도 균형을 잡을 수 있는가 하면 맨땅에서도 넘어지는 법이다. 시시각각 변하는 세상에서 한결같은 마음을 지키는가 하면, 매일 반복되는 일상에서 마음이 요동치기도 한다. 원효대사 해골 물 마신 얘기까지 갈 필요도 없다. 모두에게 똑같은 세상은 없다. 일상은 다 다르게 주어지고 이를 각자 해석하고 재구성하여 살아간다. 그래서 다들 같은 세상을 사는 것 같지만 각자 다른 세상을 사는 것이다.

교사에게도 각자의 어려움이 있다. 교육 현장이 교육하기에 충분히 좋았던 적이 있었나 싶다. 제도나 시설, 환경만이 아니라 때로는 교사 자체가 불안 요소일 때도 있다. 완벽하지 않지만 그럼에도 불구하고 살아가듯이 '그럼에도 불구하고' 교사는 교육한다. 목표는 완벽한 교육이 아니라 지금 주어진 상황에서 할 수 있는 최선의 교육이다. 완벽한 삶이 아니라 어제보다 나은 오늘이 목표인 것처럼. 나나 내 학생들이 전부 완벽하지 않아도 모두 가치 있는 사람이듯이.

수능이 다가오면 '꽃길만 걷자'는 문장을 자주 보게 된다. 수능 다음 주에는 중등교사 임용시험도 있다. 그러니까 어떤 기간제교사는 수능시험 감독 후 대략 열흘쯤 지나서 본인 임용시험도 보는 것이다.

　　'꽃길만 걷자.'

아끼는 사람이 잘되길 바라는 마음은 당연하다. 하지만 길다면 긴 인생길에서 '반드시'라고 해도 좋을 만큼 울퉁불퉁한 구간을 만나게 된다. 뭘 잘못해서 그런 게 아니고 마치 해가 뜨고 지는 것처럼 자연스러운 일이다.

　　'아무도 꽃길만 걸을 순 없다.'

　　好勝者 必遇敵 호승자 필우적 : 이기기 좋아하는 자 반드시 적을

날 좋아하고 지지하는 사람하고만 살 수는 없다. 내게 관심 없는 사람이 대다수인데 가끔은 적대자도 만난다. 승부욕이 강해서 지고는 못 산다거나 정의 구현의 열의가 강해서 불의를 보면 화가 치미는 사람이라면 적대자를 더 자주 만난다. 뛰어나면 뛰어나서, 평범하면 평범해서, 못나면 못나서 만난다. 그때마다 싸울 건가? 싸워서 이기면 평화가 올까?

내가 여기까지 걸어오는 동안 지나온 길이 꽃길이기만 했던 것은 아니다. 그렇다고 전부 험한 가시밭길이기만 했던 것도 아니지. 지루한 길, 위험한 길, 돌이켜 보니 가지 말았어야 할 길도 많았다.

갈 수 있는 길인지, 가고 싶은 길인지보다 가야 하는 길인지가 중요하다. 꽃길은 따로 없다. 꽃길이든 아니든 그저 가겠다는 마음이 필요하다. 그러다 꽃길을 만나면 좋은 것이고. 가시밭길을 만났을 때 '내가 왜 이런 가시밭길을 만났는지 지금은 알 수 없지만 다 이유가 있겠지'라며 자꾸 의미 부여할 필요는 없다. 필요가 없다기보다 억지로 그렇게 하는 건 큰 의미가 없다. 꽃길이 아닌 길을 만나면 자연스럽게 한숨도 나오고 화도 나고 누군가를 향해 원망하는 마음도 든다. 이런 생각 자체를 억누르면 다른 문제가 생길 수 있어서 학생들에게도 주의하라고 가르친다. 부정적인 감정이 올라오는 걸 두려워하지 말고 피하려고 하지도 말자고. 감정은 자연스러운 현상이니 억누르지 않아야 한다. 나를 있는 그대로 인정해야 남에게도 그렇게 할 수 있다. 감정이 잘 흐를 수 있도록 길을 터 주는 게 필요하다.

'꽃길이든 아니든 걷다 보면'

어떤 길이든 한참을 걷다 보면 다리도 아프고 목도 말라 온다. 한 번에 한 걸음씩, 좋은 벗과 함께, 멀리 보되 발끝도 살피며 그냥 간다. 꽃길이든 아니든 별로 중요하지 않다. 가야 하는 길인지 아닌지가 더 중요하지. 가야 할 길이면 가고 가지 말아야 할 길이면 멈춘다. 꽃길이든 험한 길이든 그냥 받아들이며.

"혼자 있으면 평화로워요. 이제 머릿속에서 나를 비난하는 소리도 별로 들리지 않아요. 간신히 찾은 평화이니 깨고 싶지 않습니다. 나만을 위해 살면 되니까 편하고 좋네요. 제 능력에 딱 맞는 규모라고 할까요."

"혼자 있는 게 편해서 좋다니 이기적이시네요. 가족을 만들고 남편으로서 아버지로서 사는 사람들은 혼자 있는 게 편하고 좋은지 몰라서 그렇게 사나요? 그게 다 책임감이에요. 책임감. 김 선생님은 책임감이 부족한 거 같아요. 미성숙한 어린아이 수준에서 성장하질 못하셨네요. 하는 일도 교육이고 교사신데 그렇게 무책임한 소리를 하시니 실망입니다."

"그런가요? 이기적이고 책임감 없고 미성숙하지만 편안하게 쉴 수 있어서 다행이에요. 기간제교사라서 늘 실직에 대한 부담이 있는데 혼자라면 아무래도 부담이 적죠. 몸도 마음도 편안하니까 살 것 같습니다."

"사지육신 멀쩡하고 배울 만큼 배운 분이 왜 자꾸 못난 소리만 하실까. 쯧쯧, 도전하고 극복해야지요. 젊음이 아깝습니다. 한창 때 같은데 왜 자꾸 죽을 날 받아 놓은 사람 같은 얘기만 하시는지 모르겠네."

"그냥 분수를 아는 사람 정도로 생각해 주시면 좋겠는데. 뭐라고 생각하시든지 그건 제가 어떻게 할 수 없는 거니까요. 인정은 못해도 이해는 합니다."

"애를 낳고 부모가 되어 봐야 어른이 되는 거예요. 김 선생은 나이는 먹었지만 아직 애야 애. 그러니까 계속 비정규직을 빙빙 도는 거야. 절박한 게 없으니까. 결혼해서 애 낳았어 봐. 죽기 살기로 해서 벌써 정규직 됐겠지. 자기 벌어 쓰기에 부족하지 않고 학생들이 선생님, 선생님 해 주니까 자기가 진짜 선생이라도 된 줄 착각하는 거야. 나이 마흔이 넘었는데 아직도 보따리장수를 하고 있으면 어떡한담? 김 선생. 혼자 늙으면 외로워 안 돼. 사람은 가족이 있어야지 가족이."

"다 맞는 말씀이시네요. 열심히 살겠습니다."

이런 일을 겪을 때마다 내 언행을 돌아본다. 잘못하면 나도 이런 말을 다른 이에게 무심코 내뱉을 수 있겠구나. 어리고 직급 낮은 사람에게 이런 식으로 말하는 걸 어른 노릇이라고 생각하는 분들이 있다. 어른답게, 따끔하게, 알아듣게 하는 이야기라는 것이다. 혹시 나도 학생들에게 그런 식으로 얘기하지 않는지 곰곰이 생각한다. 옆 산의 돌이라던가. 저렇게 하지 말아야겠다고 생각하게 해 주는 분도 좋은 선생님이다. 중요한 건 기분과 상관없이 배울 의지가 있는가 하는 것이다. 그래도 내 곁에 스트레스 주는 사람이 없는 게 당연히 제일 좋다. 안 배우더라도 마음 편한 게 최고니까.

미술치료, U&I학습유형검사, 임상사목교육, 현실치료를 공부한 직후에는 사람들과 대화를 나눌 때 기법을 쓴다거나 자꾸 분석하려는 경향이 있었다. 저 사람은 어떤 유형일까 생각하며 내 지식에 상대를 끼워 맞추려고 했는데, 문제는 이걸 상대가 다 알더라는 거다. 계속 공부하면서 사람 잡는 선무당 시기를 지나 특별히 어떤 틀을 가지고 상대를 대하지 않게 되었다. 상대를 분석하는 틀을 갖기 전처럼 그냥 자연스럽게 상대와 대화할 수 있게 된 것이다. 틀이 없어진 게 아니라 내 안에 완전히 녹아들어서, 말하자면 스위치를 켜고 끄는 게 가능해졌다. 인생관을 바꾸면 기술은 더 이상 기술이 아니게 된다.

의식적으로 상담기법을 사용하면 자연스럽지 않고 어딘가 모르게 티가 난다. 그럼 상대방도 느끼고 무심결에 방어한다. 이런 비유가 맞을지 모르겠지만 누가 나한테 자꾸 기술 쓰면 막고 싶어지는 것과 같달까. 그래서 고수들은 상대가 알아채고도 방어할 수 없게 기술을 쓴다. 알아채도 막을 수 없게, 전혀 예상하지 못하게 훅 들어가는 기술이야말로 진짜 기술이다.

기술을 쓸 때에는 물 흐르듯이 자연스럽고 일정한 형식을 고집하지 않아야 목표한 바를 얻을 수 있다.

> 道可道非常道 도가도비상도
> 도를 도라고 할 수 있으면 이미 도가 아니다.

이걸 병법의 핵심이라고 해석한 동양철학자의 글을 읽고 감탄했다. 전술은 전략을 위해 있고 전략은 적을 이기기 위한 것이니 적을 이기려면 상대의 허를 찔러야 하는데 일정한 형식을 고집하면 예측이 되기 때문에 상대가 대비한다는 것이다. 그러니 저 문장은 예상할 수 없게 해서 미처 대비하지 못한 부분을 공략하는 병법의 요체를 설명하는 말인데 과연 그렇구나 싶었다. 명장은 기상천외한 방법을 쓰는 게 아니라 단순한 전술로 빈틈을 노린다. 그러려면 무엇보다 기본에 충실해야 한다.

사람을 대하는 수많은 방법이 대단한 가르침인 것처럼 시중에 떠돈다. 이럴 땐 이렇게 저럴 땐 저렇게 사례도 다양하다. 그런 내용대로라면 세상에는 안되는 일이 없어야 하는데 현실은 그럴까? 인간관계를 풀어 나가는 대단한 처세술을 담은 듯한 책을 관계에 어려움을 겪는 학생이 읽으면 좌절하고 자책하는 경우가 많다. 방법에 문제가 있는 것 아닌지 의심하기보다 올바른 방법을 자신이 제대로 적용하지 못해서 문제를 해결하지 못했다며 자기 탓을 하기 때문이다. 책에 나온 대로 다 해 봤는데 문제가 해결되지 않는다며 답답함을 호소하는 학생을 볼 때면 듣고 있는 내 마음도 답답해진다.

수업에서 교사가 기법을 의식하면 진행이 어색해지고 전달하려는 메시지가 사라진다. 수업 도중에 학생이 체험하는 배움은 교사가 미리 계획한 장면에서만 일어나지는 않는다. 물 흐르듯 자연스럽고 역동적인 수업 상황에 유연하게 대응하는 게 내가 하고 싶은 좋은 수업이다. 좋은 수업은 좋은 만남으로 시작하여 일상의 언어로 자연스럽게 이루어진다. 그러는 과정에서 시나브로 배우길 기대하는 것이다. 지나고 보면 그 순간 배움이 있었다고 생각하게 되는, 자연과 삶을 닮은 수업을 하자는 생각을 마음에 품고 산다.

막걸리를 즐겨 마신다. 진하지만 탁하지 않고, 맑지만 싱겁지 않다. 배고플 때 마시면 속이 든든하고 좋은 사람들과 나누면 신명을 돋게 하는 막걸리. 화려하고 푸짐한 안주와도 먹을 수 있지만 대개는 김치나 두부처럼 흔히 구할 수 있고 값이 싼 안주와도 잘 어울린다. 너그러운 성품을 사랑한다.

전주 막걸리 골목을 찍은 다큐를 봤다. 1998년 IMF 때 시작되었다는 이 골목은 그동안 서민들의 몸과 맘의 고달픔을 달래 줬다. 보통의 이웃이 일상에 부대끼면서 내뱉은 깊은 한숨과 뜨거운 눈물을 가만가만 도닥였던 건 대단한 사람의 위대한 무언가가 아니라 흔하디흔한 저 막걸리였겠구나.

나는 생각한다. 기도와 수행이, 또는 알량한 배움이 누군가의 몸과 맘을 저 막걸리만큼이라도 위로해 주는가. 한 주전자 다시 시키면 새로 깔리는 십여 가지 안주처럼 늘 새로운 마음으로 나와 사람을, 세상을 만나고 있는가.

인고의 세월을 견디고 물에서 술로 온전히 존재를 바꾸는 순한 막걸리처럼 나도 서툴고 거친 본성을 바꾸는 숙성의 시간을 보낸 뒤 사람을 위로할 수 있으면 좋겠다. 한 잔에 이야기가, 또 한 잔에 노래가, 또 한 잔에 웃음과 눈물이 그야말로 술술 나오는 막걸리처럼 이웃의 허기진 몸과 맘을 달래는 사람이고 싶다.

꼴꼴꼴꼴 맑은 소리 내며 자신을 비워 상대의 빈 잔을 채우는 향기로운 저 막걸리처럼.

자격을 얻는 것과 그런 사람이 되는 것은 다르다. 교사대를 졸업하고 임용시험에 합격하여 교사로 일할 자격을 얻는 것과 실제로 교사가 되는 것은 다르다.

합당한 능력을 가진 사람이 자격을 얻는 경우도 있고, 자격을 얻은 다음 부단한 노력으로 자격에 걸맞은 사람이 되는 경우도 있다. 나는 후자에 가깝다. 자신 있게 후자라고 말하지 못하고 후자에 가깝다고 한 이유는 내가 교직에 어울리는 사람인지 아직 확신이 서지 않기 때문이다. 그래야 하니까 교사처럼 행동하긴 하는데 가치관과 행동이 일상적으로 교사다운지는 모르겠다. 그리고 무엇이 교사를 교사답게 하는지도 실은 잘 모른다. 교사는 법률에 따라 교육하는 사람이라는데 교육보다 행정 일을 더 많이 하거나 잘잘못을 따지며 학생과 실랑이를 할 때면 내가 대체 뭐하는 사람인지 알쏭달쏭하다. 그러니 내가 교사인지 아닌지 평소에 인식하며 살기가 쉽지 않다. 수업을 하고 있을 때는 확실히 교사인 것 같긴 한데.

그때그때 내가 처하는 상황 안에서 '좋은 교사라면 어떻게 할까'를 생각한다. 상황도, 사람과 사안도 매번 다르니 다른 교사 사례를 참고할 수는 있어도 똑같이 따라 하면 잘 안될 수 있다. 그러니 교사로서 내가 잘 살펴서 판단해야 한다. 이러다가 언제 교사가 될까 싶어 한숨이 나온다. 자격증을 따서 교사가 된 줄 알았는데 그때부터가 시작이었다. 어느 게임인가 진짜 시작은 만렙부터라더니 교사로 사는 것도 비슷하다. 교단에 서기 시작하면서 교육과정만으로는 배울 수 없던 '교사 되기'를 배웠다. 나를 교사로 만들어 준 건 수많은 시행착오와 반성, 그리고 동료 교사와 학생들이었다.

대체 교사의 자격은 무엇이며, 진정한 교사란 어떤 사람일까. 지금 생각으로 진정한 교사란 '진정한 교사가 어떤 사람이어야 하는지'를 계속 질문하고 실천하는 사람이다. 정답은 없고 해답만 있는데 이런 식이면 죽을 때까지도 해답을 찾을 수 있을지 모르겠다. 그래서 인생은 끝까지 흥미롭고 알 수 없는 거대한 모험이다.

소고기가 조금 들어간 시래깃국밥을 맛있게 먹고 있는데 옆에서는 소고기 모둠을 굽는다. 소주 한 잔을 입에 털어 넣으면서 여기가 인생 축소판이구나 생각한다. 누구의 인생은 알록달록하고 누구의 인생은 밋밋하다. 그런데 그게 뭐 어떻다는 건가. 소고기 먹는 사람도 있고 시래기 먹는 사람도 있다. 그게 서로 비교할 일인가. 소고기 먹고 싶은데 시래기를 먹는 거라면 당장은 소고기 먹는 사람이 부럽겠지만 시래기는 나름의 고유한 맛이 있고 건강에도 좋으니 누굴 부러워할 일이 아니다.

SNS에 올라오는 편집된 인생을 본다. 우리 일상도 괜찮은 부분만 잘라 내고 그럴듯한 글을 붙여서 잘 편집하면 꽤 괜찮은 삶처럼 보일 것이다. 만약 내가 그런 일상을 많이 올리고 다른 사람과도 활발하게 소통하는 사람이라면 더 많은 사람의 주목을 받을 거다. 하지만 거기에 전시된

삶은 마치 '참치 캔'과 같다. 참치를 공장에서 가공해 만든 식품. 많은 사람들 속에서 사교적인 인생을 사는 사람도 있고 방구석에서 혼자 책 읽고 글 쓰는 나 같은 인생도 있다. 그래서 뭐 어떻다는 건가. 누구에게나 있는 인정욕구가 당연히 나에게도 있지만 삶은 남에게 인정받으려고 사는 게 아니다. 무채색으로 사는 삶은 삶이 아니고, 검은색은 색이 아닌가. 화려하고 알록달록한 색과 비교하지 않고 더 깊이 더 검게 물들면 되는 거지.

수업할 때와 하지 않을 때의 모습이 극단적으로 다른 나는 평소 사람 만나는 약속을 잘 잡지 않고 특히 주말에는 대부분 집에 있다. 사람들과 만나 어울리고 이곳저곳 돌아다니며 스트레스를 푸는 사람도 있지만 뭐 그런 사람도 있고 이런 사람도 있는 거다. 집에서 평소 해야겠다고 생각했던 집안일을 하거나 뒹굴뒹굴하며 책도 읽고 유튜브도 보고 글도 쓰고 안부 연락도 하고 먹고 낮잠 자면서 힘을 얻는다. 이러면 스트레스가 풀린다.

이걸로 충분하다. 화려하지 않아도 깊고 진한 먹색이 되는 거다. 화려한 꽃빛과 단풍만 색깔인 게 아니지. 그 모든 것을 껴안고 묵직한 어둠으로 중심 잃지 않고 깊어질 것이다.

"선생님은 좋은 분이신 거 같아요."라며 그녀가 웃자 가슴이 뛰기 시작했다.

"어떻게 알았어요?"
"좋은 사람은 다른 사람에게서 좋은 점을 보니까요."
"저를 그렇게 보셨다면 선생님도 좋은 분이시군요."

나도 같이 웃었다. 이때부터 행복은 마주 보며 함께 웃는 거라고 믿게 되었다. 아, 실제 있었던 일은 아니지만 상상해 보니 좋구나.

교사는 어떤 전문성을 가진 사람일까? 여기에 대해서는 많은 의견이 있지만 나는 '학생의 장점을 찾아내는 전문가'라고 생각한다. 누구나 특별히 노력하지 않아도 남의 단점은 금방 찾는다. 자신의 기준에서 벗어나는 부분을 단점이라고 지적하면 되니까. 누구나 애쓰지 않아도 다 하는 게 '단점 찾기'이기 때문에 만약 교사가 학생의 단점만 지적하고 주의를 준다면 이걸로는 교육 전문가라고 할 수 없다. 무엇보다 단점만 지적하면 매일 단점 있는 사람들과 함께 지내는 셈이니 얼마나 우울하고 힘들까? 멘탈이 너덜너덜해질 것 같다.

단점 대신 장점을 보려면 상대에게 관심을 갖고 주의를 기울여 발견하려고 애써야 한다. 어떤 학생은 별로 힘들이지 않아도 장점이 보인다. 이런 학생은 장점을 더욱 강화할 수 있도록 격려하면 된다. 그런데 교사는 그렇지 않은 학생에게 더욱 큰 전문성을 발휘해야 한다. 교사의 전문성은 학생의 장점을 발견하고 이를 더욱 강화할 수 있도록 지지하고 격려하는 능력이기 때문이다. 더 나아가 학생이 '단점'이라고 알고 있는 '특성'이 있다면 사용하기에 따라 '장점'이 될 수 있음을 알려 주고 깨닫게 할 수 있어야 한다. 그러면 자신과 세상을 대하는 학생의 태도는 더욱 당당해질 수 있다.

학생은 공부하는, 즉 배우고 익히는 사람이다. 무엇을 배우고 익혀야 할까? 바로 자신과 세상에 대한 '긍정적인 관점과 태도'다. 부정적인 것은 저절로 스며든다. 그러므로 배우는 사람은 궁극적으로 '긍정적인 관점과 태도'를 배우고 익혀 부정적인 것과 균형을 맞춰 '객관적인 세계관'을 갖도록 노력해야 한다. 그걸 도와주는 전문가가 바로 교사다.

좋은 점을 찾아 주고 좋은 사람이라고 믿어 주는 한 사람이 인생에서 얼마나 중요한지 누구나 안다. 교사로서 좋은 사람이고자 노력하는 이유는 그래야 학생에게서 좋은 점을 발견해 줄 가능성이 커지기 때문이다.

"선생님이 너의 좋은 점을 얘기해 줄게. 너는 참 좋은 사람이야."

임용고시도 못 붙은 내게 무슨 전문성이 있겠냐고 할지 모르지만 아이들과 부대끼며 생각하고 고민했던 이야기들은 의미가 있지 않을까. 그런데 그런 이야기를 누가 들으려고 할까 부끄럽기도 하고 두려운 마음도 든다. 정규교사도 아니고 야학의 강학으로, 성매매 피해청소년들의 검정고시 선생으로, 기간제교사로 살아온 20년의 이야기를 누가 알고 싶어 할까. 이런 게 누구에게 도움이 될까. 괜히 마음이 쭈글쭈글해진다.

돌이켜 보면 전에는 무슨 용기로 후배들에게 이런저런 얘기 했는지 모르겠다. 정말 얼굴 화끈거리는 기억이다. 나나 똑바로 살면 될 일인데 뭐가 그렇게 잘났다고 주절주절 떠들었을까. 오늘도 아이들 앞에서 문학을 가르치고 교무실로 돌아오며 '나는 문학을 배워 어떤 면에서 변했나'라고 자문한다. 문학을 배워 나를 발견하고 사람을 더 사랑하게 됐나. 쓸데없이 어려운 문제를 만들어 아이들을 이렇게 저렇게 괴롭히지는 않았나. 그냥 보고 느끼면 되는 걸 자꾸 세세하게 분석하다가 참맛을 잃게 만들지는 않았나. 그러면서 책을 쓸 욕심을 내다니.

사는 건 부끄러움을 하나씩 더하는 과정인가 보다. 오늘은 수업이 다섯 시간이라서 여섯 시까지 아직 네 번이나 더 부끄러워야 한다. 안 되겠다. 아이들에게 가르치는 지식으로 우선 나부터 변화시키자. 내가 먼저 깊이 감동을 받아야 다른 사람의 마음도 울릴 수 있을 테니까. 진동… 파동… 공명… 아, 이과 출신 국어 선생이라 그런지 이런 단어만 머릿속에 떠오르는구나. 아 ….

온전히 낮추는 길만이 더 이상 낮아지지 않는 길이다. 패배처럼 보이는 그 길 끝에 이르면 더 이상 패배하지 않는다. 높아야 할 것이 높아지지 않고 낮아야 할 것이 아직 낮아지지 않은 나를 본다. 실패하더라도 괜찮다는 승자의 여유를 가져야 하는데 실패가 두려워 자꾸 이기려고 하는 패자의 조바심이 보인다. 아이들에게 올바른 길을 제시하려면 나도 함께 그 길을 가야 하는데 너희가 가야 하는 길이라고 말한 바로 그 길의 입구에서 서성이는 나를 본다.

낮지 않으니 섬기지 못하고 지지 않으려 하니 억지로 버틴다. 나는 온전히 낮아지고 더 실패해야 한다. 그래야 낮은 곳에서 실패했다고 스스로 믿는 아이들과 함께 기어올라갈 수 있다. 대접받는 데 익숙하고 성공담만 늘어놓아서는 잡을 수 없는 아이들이 너무 많다. 사실 알고 있다. 내가 세상에서 그리 대단히 높지 않고 성공한 것도 아니라는 걸. 그래도 이만하면 됐다 싶은 중간자로서의 알량한 자존심을 내려놓지 못하니 눈에 안 들어오고 마음에 차지 않는 아이들에게 깊이 스며들지 못하고 겉돈다. 내가 아이들 곁에서 겉돌면 아이들도 내게 스미지 못하고 겉돈다. 사람은 굳이 말로 표현하지 않아도 누가 자신을 못마땅해 하는지 그냥 안다. 부정적이든 긍정적이든 마음은 대체로 전달되는 것 같다. 뭔가를 했기 때문에, 때로는 뭔가를 하지 않아서 드러난다.

내가 아이들을 보는 시선으로 아이들도 나를 본다. 일부만을 위한 반쪽짜리 선생이 되면 안 된다고 다짐한다. 모두의 선생이 되는 게 현실적으로 어려운 일이라고 하지만 나는 너희들과 다르다는 마음으로 그 아이들을 밀어내지는 말아야겠다.

학생 때 학교폭력을 당했다. 주범은 나서는 법이 없었고
다 밑에 있는 놈들을 시켰다. 종종 와서 싸우자는 듯 시비
를 걸었다. 상대하지 않고 피하면 들릴 듯 말 듯 욕을 하며
없는 사람 취급했다. 들으라는 듯 주변에 와서 크게 소리
지르고 위협적인 행동을 하거나 욕을 한 다음 낄낄거리며
흘겨보곤 했다. 일부러 몸을 부딪치거나 밀치는 일도 있
었다.

같은 동네 살던 착한 친구와 친하게 지냈다. 같이 교회에
앉아 서로 고민을 나눌 만큼 가까운 친구였다. 그런데 그
친구가 나를 괴롭히던 무리와 어울리고 얼마 되지 않아서
그 친구에게만 털어놨던 고민을 온 학급이 다 알게 됐다.
빈정거림과 놀림은 더 심해졌다. 어느 날 그 친구가 나에
게 싸가지 없는 새끼라고 욕을 하면서 자길 무시하는 게
기분 나쁘니 따라 나오라고 해서 순순히 나갔다. 싸우자고

하면서 때리려고 달려들기에 몇 대 맞아 준 다음 다 했으면 그만하고 들어가자고 했다. 그것도 무시한다고 생각했는지 씩씩거렸다. 왜 싸우자고 했는지, 왜 주먹으로 때렸는지, 싸우러 나가면서 누굴 의식했기에 주변을 두리번거렸는지 묻지 않았다. 둘이 같이 교실에 들어가자 낄낄거리던 놈들이 우릴 보더니 박장대소를 하며 즐거워했다.

나는 학교폭력 생존자다. 학교폭력을 다룬 뉴스나 다큐멘터리, 드라마, 영화 같은 걸 잘 안 본다. 지금도 학교에서 자기보다 힘 약한 학생들에게 피해 주고 거들먹거리는 아이들을 보면 가슴이 뛰고 분노가 올라온다. 그런 아이들을 보면 나는 불러서 얘길 한다. 말을 걸고 타이르고 따로 데리고 나가 학교 둘레를 걷는다. 말없이 고개 숙이고 있는 아이를 보면 한두 마디라도 말을 건다. 내게 인사하는 학생에게는 고개 숙여 정중하게 인사한다. 할 수 있는 한 학생들에게 예의 바르게 대하고 조금이라도 다가가려고 노력한다. 주목받지 못하고 우울한 표정으로 웅크린 아이를 발견하면 밝은 곳으로 이끌려고 노력한다. 악을 악으로 갚아 같이 추락하지 않고 좋은 사람이 되기 위해 노력하는 것. 이게 내 복수다.

나는 부족한 게 많은 사람이고 종종 실수도 한다. 나 때문에 상처받은 사람도 많을 것이다. 오랫동안 누군가의 마음속에서 죽이고 싶은 사람으로 기억될 수도 있다. 그래도 교사로서 할 수 있는 한 성의껏 하려고 노력한 시간이 훨씬 더 많다. 미움을 못 참고 일부러 누군가를 해코지한 일은 적어도 내 기억으로는 없다. 후회하는 일이 없는 건 아니지만 그래도 잘하려고 애쓰며 살았다.

드라마에는 서사가 있고 서사는 갈등을 중심으로 흐른다. 드라마니까 사람들이 보게 하려고 자극적으로 만들다 보니 그런 거라고 많은 사람들이 얘기하지만 그래도 유감스럽다. 학교폭력 생존자가 똑같은 괴물이 되어 가는 얘기 대신 그 지옥에 떨어지지 않기 위해 버둥거리며 겪는 내적갈등을 중심으로 얘기를 전개한 다음 결국엔 위로 기어오르는 결말도 충분히 흥미로울 수 있을 텐데. 이게 실제로도 훨씬 더 사실에 가깝다. 아무리 허구라지만 흥미를 위해서 증오와 복수를 퍼뜨려서야 되겠나.

얼마나 많은 학교폭력 생존자가 교사로서 교단에 있는지 나는 모른다. 그런 통계는 아마 없을 것이다. 조사한다고 해서 솔직하게 말할 사람이 많을 것 같지도 않다. 가해자인데 교사가 된 사례도 분명 있을 것이다. 나도 누가 물어본다면 아니라고 말할 것 같다. 지난날 학교폭력 피해를 입었지만 가해자를 미워하며 함께 추락하지 않고 어떻게든 위로, 빛으로 나아가려고 애쓰는 많은 분들을 진심으로 응원한다. 끝까지 버티고 마침내 이기자. 추락하지 말고 빛을 향해 앞으로.

학생에게 가급적이면 존댓말을 쓴다. 공식적인 수업 시간에는 물론 복도나 교무실 등에서 개인적으로 만날 때, 학생과 전화 통화를 하거나 문자를 보낼 때도 그렇다. 코로나로 등교가 계속 미뤄지는 가운데 얼굴도 모르는 우리 반 학생들에게 문자를 보낼 때도 그랬다.

- 담임입니다. 원격수업 듣느라 고생 많습니다. 출석 확인 꼭 하시기 바랍니다. 주말 잘 보내고 건강하게 지내세요.
- 오늘 출석 확인 1등입니다. 축하해요. 내일도 1등으로 출석하길 바랄게요. 응원합니다.
- (학생 질문에 답을 하며) 원격수업 플랫폼 서버 문제로 보입니다. 출결에 불이익이 없도록 조치가 있을 것입니다.

"선생님, 선생님은 왜 저희에게 존댓말을 쓰세요? 반말로 친근하게 말씀하시지 않고 존댓말을 쓰시는 게 신기하고 가깝게 느껴지지 않아 어색하기도 하고 그래요."

"수업 시간에 말하기는 '여러 사람 앞에서 말하기'니까 지난번 수업에서 배웠듯이 존댓말을 쓰는 게 맞아요."

"그런데 선생님은 전화 통화를 할 때나 문자를 보낼 때, 교무실에서 말씀하실 때, 개인적으로 지시하거나 부탁하거나 아무튼 거의 대부분 존댓말을 쓰시잖아요? 그건 왜 그런 거예요?"

"학생은 배우는 사람이지 교사보다 아랫사람이 아니지요. (그래요? 저희는 선생님보다 나이가 어린데요) 그렇긴 하지만 교사와 학생으로 만난 거지 어른과 아이로 만난 건 아니니까 서로 존중하는 게 좋겠지요? (아하!) 존댓말을 쓰는 건 나와 대등한 상대로 존중한다는 의미가 있어요. 학생을 함부로 대하지 않고 격식을 갖춰 정중하게 대하겠다는 다짐이자 그러기 위한 노력이기도 해요. 물론 반말을 쓰면 친근감이 높아진다는 걸 알지요. 하지만 친하게 느끼면서도 지켜야 할 거리를 지키는 게 쉽지 않아서 조심하고 있어요. 사실 존댓말이나 반말보다 중요한 건 전체적인 마음가짐과 태도일 텐데 선생님은 어떤 말을 쓰느냐에 따라 마음가짐과 태도도 영향을 받는다고 생각하거든요.

그래서 학생에게 존댓말을 씀으로써 '교사'라는 신원을 되새깁니다. 그렇게 하면서 교사가 되고 싶었던 이유가 무엇이었는지, 처음으로 교단에 설 때 내 첫마음이 어땠는지를 기억하려고요. 말에는 힘이 있다고 했죠? (네!) 말과 생각과 마음과 행동은 서로 영향을 주고받아요. 해야 할 말을 하고 하지 말아야 할 말을 하지 않는 게 중요해요. 세 살짜리 어린이도 알고 있지만 여든 살 노인도 실천하기는 쉽지 않으니 평소에 연습 많이 해야 돼요."

"선생님으로서의 첫마음이 어땠는지 궁금해요."

"하느님께서 내게 맡긴 사람들을 잘 보살피겠다는 마음이었어요."

"우아! 선생님, 그렇게 말씀하시니까 꼭 신부님 같아요!"

"신부보다는 신랑이 더 좋겠는데… 신랑을 해야 하는데… 아흑…."

"선생님, 죄송해요! 올해는 꼭 좋은 분 만나실 거예요!! 아오, 힘내세요!"

주로 활동하는 SNS에 '과거의 오늘'이라는 기능이 있다. 작년이나 그 어느 해의 오늘 올렸던 글과 사진을 다시 보여 주는 기능이다. 거기 올라온 옛날 사진 하나를 한참 바라봤다. 대학 4학년이었던 2004년 봄에 사범대학 벚나무 앞에서 후배들과 함께 찍은 사진이다. 많은 추억이 깃든 공간과 사람들을 보고 있자니 잊고 지내던 감정이 떠올라 기분이 묘했다. 지금 생각해 보면 그때는 너무 이상적이었다. 현실감 없는 소리를 무슨 자신감으로 그렇게 여기저기 하고 다녔는지 모르겠다. 상황도 역량도 제대로 파악하지 못했다. 말하자면 '할 수 있는 것'이나 '해야 하는 것'보다 '하고 싶은 것'에 쏠려 있었다. 그래도 높은 이상을 향해 몸 던지며 좌충우돌하던 저때가 있어서 지금의 내가 되었구나 싶어 사진 속의 대학생을 기특하게 바라봤다.

수업, 생활지도, 상담, 진로진학지도 등 교사의 교육 역량과 학생들에게 영향을 끼치는 말과 행동 등의 폭과 깊이는 교사의 삶과 분리할 수 없다. 교사는 교육 주체면서 핵심이다. 만약 수업을 참관한 분이 이런 수업을 준비하는 데 시간은 얼마나 걸리는지 질문한다면 뭐라고 말할까. 질문한 사람은 아마도 수업을 구상하고 계획하고 필요한 내용을 마련하는 데 걸린 시간을 물은 것이겠지만 사실 그 수업을 준비하기까지는 '일생'이 걸렸다고 봐야 한다. 살아오면서 경험하고 성찰했던 모든 것이 수업에 영향을 미치기 때문이다. 수업 기술 장기 자랑이 아니라 사람으로서 사람을 만나는 시간이 수업이다. 좋은 만남에서 좋은 교육이 시작된다. 교사는 자신과는 전혀 다른 환경 속에서 자라 온 학생들을 만나고, 교사가 살아오면서 쌓은 경험과 지식의 틀로 학생들을 바라보고 해석한다. 그리고 자세히 관찰하고 대화하고 분석한다. 수업에서 교사의 개입이 필요하지만 시기와 정도를 판단하여 '적절하게' 개입하려면 고도의 전문성이 필요하다.

이런 과정을 거치며 김춘수가 〈꽃〉에서 노래했듯이 의미 없는 '하나의 몸짓'에 불과하던 학생이 교사에게 다가와 비로소 '꽃'이 된다. 학생 역시 '빛깔과 향기에 알맞은' 이름으로 교사를 부르고 교사도 학생에게 '꽃'이 된다. 이것이 아마도 소설 《어린 왕자》에서 여우가 어린 왕자에게 말했던 서로가 '세상에서 하나밖에 없는 존재'가 되는 과정일 것이다.

아직도 중고등학교 교실에는 학급당 학생 수가 너무 많다.

이런 밀도라면 아무리 열심히 노력해도 모두와 서로에게 '세상에서 하나밖에 없는 존재'가 되는 것이 쉽지 않다. 수업과 조회 · 종례 시간으로는 부족하니 수시로 학생 개별 상담과 비대면 학부모 상담을 한다. 그래도 모든 학생과 긴밀한 관계를 맺기 어려울 때가 많다. 학생을 잘 이해하고 성장하도록 도와주는 좋은 교사가 되고 싶어서 학습유형 및 진로상담 전문가 과정을 공부하기도 하고 어려움에 빠진 아이들을 돕고 싶어서 위기상담을 공부하고 이를 적용해 보았지만 모든 학생을 도울 수는 없었다. 지난 시간을 돌아보면 네 번은 기다리고 세 번 울고 두 번 화내고 한 번 웃었던 것 같다.

언제인가 교실에서 어떤 방법을 써도 꿈쩍하지 않고 수업에 참여하지 않는 학생을 보며 막막한 공포에 질리는 꿈을 꾸었다. 갖은 애를 쓰는데 아무런 성과가 없고 오히려 학생과 학부모, 교장 선생님께 비난받았다. 지시를 따르지도 않고 제멋대로 구는 학생을 상대하다가 분을 참지 못해 소리를 지르기도 했다. 열심히 학생 활동 중심 수업을 준비하여 수업에 들어갔는데 학생들이 짜증스럽다는 표정으로 어떻게 하는 건지 이해도 안되고 하기 싫다며 책상에 엎드렸다. 일부는 야유를 보내기도 했다. 이런 악몽을 꿀 만큼 교실은 교사에게 도전, 두려움, 막막함, 좌절의 공간이기도 하다.

교사는 교육을 연구하고 실천한다. 물론 이걸 교사만 하는 건 아니다. 많은 교육 관련 연구자들이 하고 있는 일이기도 하다. 그러나 교실 현장에서 학생을 자세히 살피고 고민하며 교육을 실천하는 사람은 교사다. 많은 이들이 교육에 대해 말하지만 그걸 실천하는 핵심 주체는 교사라는 것이다. 교육에 대한 수많은 고담준론이 있다. 지금까지 우리 교육이 잘못됐으니 교사들이 반성해야 한다며 성토하는 분도 있다. 우리 교육이 미래를 준비하기에는 턱없이 역량이 부족하다며 호통치고 개선을 요구하기도 한다. 모두 일리 있는 말씀이다. 하지만 그분들은 교실 현장에서 학생들이 어떤 모습으로 수업에 참여하고 생활하는지 모른다. 요즘 왜 표정이 시무룩한지, 점심을 왜 안 먹으려고 하는지, 연락도 없이 왜 자꾸 지각을 하는지, 같이 잘 어울리던 친구와 왜 서먹해졌는지, 요즘 아르바이트를 하는지 안 하는지 학생과 끈기 있게 대화하고 함께 고민해 준 적이 없다. 수업 시간에 졸리지도 않은데 왜 자꾸 엎드리려고 하는지, 학생 지도하는 선생님께 왜 소리를 지르고 대드는지, 왜 선생님 말꼬투리를 붙들고 늘어지며 수업을 방해하는지. 선생님과 이야기하기 싫다고 외면하는 학생을 붙들고 달래고 위로하고 공감하며 매달려 본 적이 없다. 우리 교육이 변해야 하고 미래를 대비해야 한다는 말씀은 맞다. 그런데 교육 문제가 변화를 싫어하는 게으르고 이기적인 교사 기득권이 버티기 때문이라고 하면 좀 속상하다.

좋은 교사가 되고 싶었던 2004년의 국어교육과 4학년 학생은 이제 현장에서 19년을 보낸 교사가 되었다. 야학에서 역사 수업 시간에 '장보고'가 사람인지 물건인지 몰라 수줍게 질문하던 학강(=학생)의 질문을 받고 설마 장보고를 모르는 사람이 있을까 하는 생각에 차근차근 설명하지 않았던 교만이 미안해서 순댓국을 먹으며 펑펑 울던 강학(=야학교사)은 중견 교사가 되었다. 아주 잠깐이었지만 프란치스코 성인을 따르기를 바라던 젊은 수도사 지원자는 이제 매년 학교를 옮겨야 하는 기간제교사의 삶을 프란치스코의 가난과 방랑을 본받는 것으로 받아들여 기쁘게 살아가고 있다. 이제는 어지간한 일이 터져도 놀라지 않고 행정 서류가 날아와도 척척 처리하게 되었다. 그런데 그게 좋은 선생님으로 사는 삶인지는 왠지 자신 있게 말하기 어렵다.

교단에 오르던 첫마음을 떠올린다. 당신 손길이 필요한 곳이면 어디든 가난한 마음으로 기꺼이 가겠다던 서원을 다시 올린다. 당신을 온전히 따르기 위해 자유의지와 자아를 기꺼이 버리겠다던 서원은 사실 이제 좀 부담스럽다. 그래도 두려움과 속상함을 뒤로 하고 교사로서 나 자신과 학생의 성장을 위해 다시 한걸음 앞으로 나아간다.

퀴어 축제 취소에 대한 의견이 붙은 몇몇 분의 글을 읽었다. 각각의 논리에 따라 옹호하거나 반대하고 있는데, 염려하고 지적하는 부분마다 나름 이해가 되기도 한다. 그런데 누가 내게 의견을 묻는다. 나는 그냥….

오래전에 제자가 보낸 문자를 다시 읽는다. 가족들에게 이야기하고 오랜 대화를 통해 인정을 받았으며 호르몬 주사를 맞기 시작했는데 학교 다닐 때 내가 수업 시간에 해 준 인간에 대한 얘기가 많은 도움이 되었고 위로받았다며 고맙다는 내용이다. 아이는 변성기를 지나며 굵어진 자기 목소리가 싫어서 학교에서는 아예 말을 하지 않았다. 그래서 나는 그 애의 목소리를 모른다. 모든 대화를 카톡으로 했다. 한번은 울면서 나를 찾아와서는 옆에 앉아 서로 카톡을 주고받고 있었는데 그 모습을 지켜본 다른 선생님들이 정말 대단하다며 어떻게 그렇게까지 하냐며 놀랐고 어떤 분들은 그런 애들은 정신을 못 차려서 그런 것이니 따끔하게 야단쳐서 정신머리를 고쳐야 한다고 했다. 나는 누가 내 정신머리를 고치는 것도 싫고 남의 정신머리를, 특히 이런 경우라면 더 고치고 싶지도 않았다. 그 학생이 상담하러 선생님을 찾아오는 걸 처음 봤다며 신기하다는 선생님도 있었다. 얘가 그동안 학교에서 참 외로웠겠구나 싶어 안쓰러웠다. 어느 해 겨울 늦은 밤 자신이 다니던 교회 근처에서 자살 시도를 했다가 구조되기도 했던 아이. 그랬는데 오랜 노력 끝에 가족의 인정을 받았다는 이야기가 참 반가웠다. 해 준 것도 없는데 고맙다는 얘길 들으니 부끄러웠다.

그 제자가 어디에서든 존재 자체로 행복하고 착하고 겸손한 태도로 주변 사람들에게 사랑받기를 기도한다. 그리고 사람들이 그 아이를 소수자인 동시에 평범한 사람으로 대해 주기를 기도한다. 소수자로만 바라보는 것은 또 하나의 차별이다. 누구나 고유한 특성을 가진 보편적인 인간이니 특성을 존중하되 똑같은 인간으로 대하는 게 옳다. 사람들이 그의 특별한 면만을 보지 않았으면 좋겠다.

동성애를 찬성하냐고 내게 묻는 분들이 가끔 있는데 나는 그 주제에 대해 어떤 의견도 갖고 있지 않다. 타인이 의견을 낼 만한 주제가 아니라고 생각한다. 다만 만약 신이 있다면 이 사람들 또한 존재 자체로 사랑받기에 충분한 사람일 것임이 분명하다. 누구나 그렇듯이.

조금 알아도 아는 걸 유용하게 여기저기 잘 써먹는 사람이 있고, 많이 아는데도 제대로 못 써먹는 사람도 있다. 나는 어느 쪽일까? 조금 알더라도 아는 걸 효과적으로 적재적소에 활용하는 사람이라면, 항상 마음속으로 내가 아는건 아주 미미하다는 사실을 되새겨야 한다. 또한 스스로에게, 그리고 자기가 도우려는 사람들에게 솔직해야 한다.

"제가 아는 것은 그리 대단하지는 않습니다. 저는 가까운 곳까지만 안내해 드릴 수 있습니다. 문을 열어 드릴 수만 있고 그 안에서 보물을 들고 나오는 건 직접 하셔야 합니다."

많이 아는데 아는 걸 조금밖에 활용하지 못하는 사람은 좀 더 자신감을 가지고 용기 있게 나서야 한다. 스스로 만족할 때까지 뒤로 물러나 침묵하며 공부만 하고 있으면 누구에게도 비난받을 일은 없겠지만 내가 알고 있는 것을 누릴 혜택이 아무에게도 주어지지 않기 때문이다. 자기만족을 위해 공부하는 사람도 물론 훌륭하지만 공부하는 사람으로서 부족하면 부족한 대로 자신이 알고 있는 것을 사람들과 나누려고 노력해야 한다. 조금 알더라도 아는 걸 실천해야 살아 있는 공부가 된다.

야학으로 시작한 나의 여정은 풍물 강사, 여성청소년 검정고시 강사, 시각장애인용 음성책 녹음 봉사자, U&I학습 상담사, 임상사목자를 지나 상담사로 이어지고 있다. 학교 현장, 검정고시 교육 현장에서 때론 아는 것보다 더 많이 써먹었다. 한정된 지식과 능력을 유용하게 적재적소에 가치 있게 쓰려고 노력했다.

일하듯 기도하고 기도하듯 일하라는 문장을 늘 염두에 둔다. 사람들과 나눌 것이 떨어지지 않도록 부지런히 곳간을 채워 가야겠다.

미술치료를 받는 아이가 만다라로 무지개를 그렸다.

"이 색깔은 누구야? 너는 무슨 색깔이야? 이제 막 태어난 동생은 어떤 색깔이야? 엄마는 무슨 색깔이야?"

이야기를 이어 나가는데 갑자기 아이가 말을 못 한다. 코끝이 빨개지며 운다. 이크! 상담을 하다 보면 노하우가 생긴다. 얼른 휴지를 꺼내 내밀었더니 순간 울음이 터진다.

"보라색이요. (응? 보라색은 어떤 색이야?) 감추고 있는 색깔이에요. (그렇구나. 뭔가 감추고 있구나. 엄마 보라색은 뭘 감췄어?) … 슬픔요. 제가 속상하게 해 드렸어요."

아이는 마음을 잘 표현할 줄 모르는 과묵한 아버지와 관계가 틀어지고 교우 관계에서도 계속 어려움을 겪고 있었다. 자신의 외모에 자신이 없고 늘 등을 구부린 채로 웅크리고 있는 아이가 안쓰럽다.

가족화를 그리게 했다. 다 그리고 나서 이야기를 나누다가 마지막으로 고치고 싶은 부분이 있냐고 했더니 한참 갸웃거리다가 노란색으로 작은 아기를 하나 그리고 날개를 달아 놓았다.

"얘는 누구니?"
"동생이에요. 한 살 때 죽은 여동생이요. 죽었지만 우리 가족이니까 그렸어요."
"그런데 노란색으로 그렸구나."
"예. 아무 걱정도 없이 행복할 것 같아서 그랬어요."

흔히 속을 모르겠다는 말을 한다. 다른 사람의 마음을 들여다볼 수 있으면 좋겠다고 한다. 하지만 나는 누군가의 마음을 엿본다는 게 참 버겁고 두렵다. 그것은 그 사람의 아픔까지 함께하겠다는 각오가 필요한 일이라서.
함께한다는 말. 습관처럼 가볍게 하는 말이지만 담긴 뜻을 생각하면 가볍지만은 않다.

學而不思則罔, 思而不學則殆 학이불사즉망, 사이불학즉태
배우기만 하고 생각하지 않으면 얻는 게 없고
생각만 하고 배우지 않으면 위태롭다.

《논어》, 위정편

공부의 궁극적인 목적은 탁월해지는 게 아니라 유일해지는 것. 그러기 위해서는 외부와 교류하며 내면으로 깊이 침잠해야 한다. 학교에서나 사회에서 책을 많이 읽어야 한다고 하는데 사실 책의 내용은 다른 사람의 의견이다. 짧은 시간에 압축적으로 다른 사람과 세상을 경험하기에 독서만큼 좋은 것도 없지만 읽은 내용을 생각으로 이어 가지 못하면 얻는 게 없다. 마치 좋은 음식을 많이 먹었지만 제대로 소화하지 못하는 것과 같다.

한마디로 배우고 익혀야 내 것이 된다는 이야기.

독서와 비슷한 것으로 여행을 꼽을 수 있다. 독서는 앉아서 하는 여행이요, 여행은 서서 하는 독서라고도 하지 않나? 경험을 위한 시간과 비용은 아끼는 게 아니라고 했다. 그러나 단순히 경험한 것에만 그치면 얻는 게 적다. 듀이 선생님 말씀처럼 사람은 경험 자체가 아니라 경험을 성찰하여 배우기 때문이다. 얼마나 멋지고 유명한 곳을 돌아봤는지가 아니라 그걸 보고 느끼고 생각하면서 더 많이 배운다. 누구나 다 가는 유명 관광지를 돌아봤더라도 아무도 할 수 없는 생각을 하고 나만 느낄 수 있는 감정을 얻을 수도 있다. 그러니 보고 경험한 것에서 그치지 말고 곱씹어야 한다.

독서도 여행도 좋지만 사실 생각해 보면 사는 게 다 공부다. 힘들고 부끄럽고 후회되고 그냥 떠올리는 것만으로도 두렵고 화가 치밀어 오르는 부정적인 경험도 해석하기에 따라서 공부가 된다. 기쁘고 행복했던 기억, 따뜻하게 위로받고 안도감을 느꼈던 순간들, 역경을 이겨 낸 감격적인 경험들도 훌륭한 공부가 된다. 사소하지만 중요한 성공들이 쌓이고 쌓여 확신에 이르게 하고 자신감을 갖게 한다. 자신에 대한 믿음은 이런 성공 경험이 쌓일 때 생긴다.

아침에 일어나 이불을 개고 옷을 옷걸이에 걸고 냄새 나기 전에 깨끗하게 세탁하고 늘 향기롭게 유지하는 것, 신발을 제대로 신고 걸음을 똑바로 걸으며 몸을 가지런하게 유지하는 것, 적당한 크기의 목소리로 공손하게 말하고 밝은 표정으로 남을 대하는 것, 자주 물을 마시고 손을 깨끗하게 씻는 것, 누가 보고 있지 않아도 바르게 행동하는 것. 이런 사소하지만 중요한 성공을 반복하다 보면 스스로 나는 좋은 사람이라는 인식이 생긴다. 그러니 믿을 수 있다. 내가 할 수 있겠구나.

두루 지혜를 얻고 곰곰이 사유하여 우선 나부터 돕고 여유 있을 때 남도 돕는 사람이 되자. 기왕 배우고 가르치는 일을 하고 있으니 더할 나위 없이 좋은 기회다. 남들보다 훌륭해질 필요는 없고 이미 그렇겠지만 더욱 나다운 사람으로 유일해지는 걸 목표로!

촉한의 제갈량이 북벌 도중 전장에서 54세의 나이로 죽기 직전에 8살 된 아들 제갈첨에게 계자서誡子書를 써서 유언으로 남기며 이런 문장을 썼다.

> 非澹泊無以明志, 非寧靜無以致遠 비담박무이명지, 비영정무이치원
> 담박하지 않으면 뜻을 밝힐 수 없고, 고요하지 않으면 멀리 도달할 수 없다.

이 문장이 쓰인 원전은 회남자의 주술훈으로 제갈량이 인용한 것이다. 우리에게는 안중근 의사가 순국 한 달 전에 세로로 써서 남긴 작품으로 유명하다.

> **澹泊明志 寧靜致遠** 담박명지 영정치원
> 욕심 없고 마음이 깨끗해야 뜻을 밝게 가질 수 있고, 마음이 편안하고 고요해야 원대한 포부를 이룰 수 있다.

계자서는 총 86자밖에 안 되는 짧은 글이지만 험한 세상에서 아버지 없이 살아갈 어린 자식을 향한 절절한 사랑과 세상을 통찰하는 깊은 지혜가 담겨 있다. 매일 한 번씩 쓰고 암송할 만한 좋은 문장이다. 어린아이나 청소년이 이해하기에는 내용이 다소 어려울 수 있지만 완전히 암기해서 기억에 뿌리내리면 평생의 지침으로 삼기에 부족함이 없다.

夫君子之行, 靜以修身, 儉以養德 부군자지행, 정이수신, 검이양덕
무릇 군자는 고요함으로 몸을 닦고, 검소함으로 덕을 기른다.

非澹泊無以明志, 非寧靜無以致遠 비담박무이명지, 비영정무이치원
담박하지 않으면 뜻을 밝힐 수 없고, 고요하지 않으면 멀리 도달할 수 없다.

夫學須靜也, 才須學也 부학수정야, 재수학야
무릇 배움은 고요해야 하고, 재능은 모름지기 배워야 얻는다.

非學無以廣才, 非志無以成學 비학무이광재, 비정무이성학
배우지 않으면 재능을 넓힐 수 없고, 뜻을 세우지 않으면 학문을 이룰 수 없다.

慆慢則不能研精, 險躁則不能理性 도만즉불능여정, 험조즉불능야성
오만하면 세밀히 연구할 수 없고, 위태롭고 조급하면 본성을 다스릴 수 없다.

年與時馳, 志與歲去, 遂成枯落, 多不接世, 悲嘆窮廬, 將復何及也

연여시치, 의여일거, 수성고락, 다부접세, 비탄궁려, 장부하급야

나이는 시간과 함께 내달리고, 뜻은 세월과 함께 떠나가니, 마침내 낙엽처럼 떨어져 세상에서 버려지니, 궁한 오두막집에서 탄식해 본들 장차 무슨 수로 되돌릴 수 있겠는가?

교사가 되던 해 아버지께서 돌아가시고 시간이 흐를수록 '이럴 때 아버지라면 어떤 조언을 해 주셨을까.' 생각하는 일이 많아졌다. 이제 직접 확인할 수 없지만 이 글을 아버지께 보여 드리고 '이런 가르침을 간직하고 살면 될까요?' 하고 묻는다면 왠지 고개를 끄덕이실 것 같다.

"아버지, 어떻게 살아야 제대로 잘사는 건지 아직 모르겠습니다. 커서 어른이 되면 알게 될 줄 알았는데요. 그런 걸 보면 저는 아직 어른이 아닌 것 같습니다. 날마다 모순을 견디며 삽니다. 알다가도 모르겠다는 말이 무슨 뜻인지 이제 알겠습니다. 어떻게 살아야 제대로 잘사는 건지 질문하기를 멈추지 않고 훗날 다시 만날 때까지 정성껏 열심히 살겠습니다."

옷이 지향하는 사람을 만드는 것은 옷 자체가 아니다. 가운이 의사를 만드는 게 아니라 의사가 입었기 때문에 가운의 권위와 가치가 생긴다. 옷에서 생각을 조금 넓혀 보면 더욱 쉽게 이해가 된다. 금배지가 국회의원을 만드는 게 아니고 자격증이 전문가를 만들지 않는다. 마찬가지로 교원 자격증이 교사를 만드는 게 아니다.

나를 교사로 만드는 건 무엇일까. 교과에 대한 전문성? 교사로 살면서 쌓인 경험? 생활지도와 상담 능력? 학습법에 대한 노하우? 무엇이 나를 교사로서 살게 할까. 그것에 대한 깊이 있는 성찰과 사유 없이 교단에서 학생을 만나고 '선생님'이라고 불리는 것을 당연하게 생각하지는 않았나.

학생이 나를 교사로 만들었다. 학생이 없으면 교사도 없다. 배우는 사람이 있어야 가르칠 수 있다. 이런 직업이 또 있나 싶다. 나라를 쳐들어온 적군이 없어도 각종 위험으로 부터 나라를 지키면 군인이고 화재가 나지 않아도 화재를 예방하면 소방관인데 학생이 없으면 교사는 홀로 교사일 수가 없다.

나를 규정하는 건 행동이다. 배우는 사람이 학생이고 배움이 일어나는 곳이 학교고 교실이다. 마찬가지로 가르치는 사람이 교사다. 살아오며 얻은 지식과 경험, 전문성, 시간과 노력을 총동원하여 학생을 가르치는 사람이 교사다. 가르쳐야 비로소 교사다.

우리말에는 혐오와 배제의 뜻을 가진 단어들이 꽤 많다.
지금 보면 민망한데 오래전부터 써 왔던 말들이다.

> 왼손(15세기~현재): 현대국어 '왼손'은 15세기 문헌에서부터 '왼
> 손'으로 나타나 현재까지 이어진다. '왼손'은 '그르다'라는 뜻의
> '외-'에 관형사형 어미 '-ㄴ'이 결합된 '왼'과 '손'이 결합된 것이
> 다. 출처: 네이버 사전

우리만 그런 게 아니라 다른 문화권에서도 대체로 왼손
을 부정적으로 생각했다. 왼손을 쓰는 사람은 이를 감추거
나 비난을 감수해야 했다. 대다수의 문화권에서 왼손잡이
를 오른손잡이로 교정하려고 했다. 왼손이라는 표현이 왼
손에 대한 혐오를 부추겼고 혐오스러운 손이라서 더 교정
해야 한다고 생각했다. 언어와 사고가 서로 영향을 주고받
으며 관습으로 굳어진 사례라고 할 수 있다. 덕분에 양손

잡이가 된 사람도 있었으니 결과적으로 좋은 일이었을까? 내 또래 중에도 어릴 때 밥 먹기나 글씨 쓰기는 반드시 오른손으로 해야 한다면서 왼손을 쓰면 손등을 맞았다는 얘기가 흔하다.

어떤 문화권에서 왼손을 용변 처리하는 손으로 생각하여 택시를 잡을 때 왼손을 들면 비난을 넘어 물리적 폭행을 당할 수도 있다. 악수할 때 왼손을 내밀면 상대가 모욕당한 것으로 여긴다. 왼손을 넘어 왼쪽 자체를 부정적으로 여기기도 했다. '좌천左遷'이라는 단어를 보면 더 분명하다. 낮은 관직이나 지위로 떨어지거나 외직으로 전근됨을 이르는 말 '좌천'은 동아시아 한자 문화권 사람들의 왼쪽에 대한 인식을 잘 보여 준다. 서양에서도 왼쪽에 해당하는 단어는 하나같이 부정적인 의미와 연결되어 있다. 왼손잡이는 오래된 소수자다. 오른손 또는 바른손잡이들은 오랫동안 주류로서 소수 왼손잡이를 억압했다. 오른손잡이는 마땅하고 옳지만 왼손잡이는 부정하고 감춰야 하며 '올바르게 교정해야 하는' 사람 취급을 당했다.

소수자를 어떻게 해서든 뜯어고쳐서 '정상'으로 만들고 싶어 하는 사람을 보면 손등을 두들겨 맞으며 오랜 시간 구박받아 온 왼손잡이 친구들이 떠오른다. 이른바 잘못된 소수자를 교정하여 올바른 다수자로 만들고 싶어 하는 분들 중에는 혹시 왼손잡이가 없으신지 모르겠다.

가르치기 위해 학생 앞에 서서 말하는 장면을 상상한다. 우선 교사의 정신 속에 학생이 들어와 있어야 하고 학생의 정신 안에 교사가 자리 잡아야 소통이 가능하다. 질문은 대답을 기대하고 예상한다. 수업을 시작할 때 도달하고자 하는 목표가 제시되고 모두가 그 목표를 잘 기억하고 있는 상태에서 수업이 진행되어야 한다. 잊지 않게 목표를 자주 확인해 줘야 한다. 그것도 수업의 흐름에 맞춰 자연스럽게.

학생과 대화할 때 원활하게 소통하고 싶다면 우선 학생에게 좋은 모습으로 다가간다. 그러기 위해 학생의 긍정적인 모습을 내 안에 담는다. 수업 장면에서 원하는 모습의 학생과의 관계를 구체적으로 상상한다. 그래야 조금이라도 그 모습에 가깝게 만들어 갈 수 있기 때문이다.

타인과 좋은 관계를 맺는 상상을 할 수 있어야 상호주관적으로 타인과 공유될 수 있다. 상대에게 갖고 있는 선입견과 감정은 말과 표정, 태도 등 어떤 식으로든지 전달된다. 관계에 영향을 줄 수 있는 내면 요소를 완전히 괄호 안에 넣어 둘 수 없다면 좋은 관계를 위해서는 스스로를 다스려야 한다. 선입견이 있고 특정한 감정을 가지고 있다는 걸 스스로 인정하고 거기에 휘둘리지 않도록 최선을 다하겠다고 다짐해도 좋다.

좋은 공동체는 좋은 공동체에 대한 구체적인 상상에서부터 시작된다.

주말인 걸 깜빡했다. 11시 30분 오픈인데 45분에 왔더니 웨이팅이 두 팀이나… 하지만 꿋꿋하게 기다려서 기어코 먹었다.

백종원의 골목식당에 출연했던 라멘집 사장이 엄청난 인기를 끌면서 하루 삼사백만 원 매출을 찍다가 구제역(돼지고기 값 폭등), 노재팬운동(한국인이 한국 식재료로 운영하던 일본 라멘집도 직격탄 맞음), 코로나(다중밀집시설 이용 자제 권고) 때문에 한 달 매출이 오륙만 원까지 곤두박질치는 바람에 원형탈모에 뇌출혈, 중증 우울증으로 자살 충동까지 느꼈다는 인터뷰 영상을 봤다. 길었던 웨이팅과 폭발적인 매출과 가게 확장이 모두 꿈처럼 느껴진다며 허탈해 했다.

이런 운동을 부추긴 유명 인사와 정치인들이 떠오른다. 자신의 sns에 '가지 않습니다', '사지 않습니다'라고 쓰인 팻

말을 듣고 이른바 'NO재팬 운동'을 벌이는 사람들. 표현의 자유가 있으니 얼마든지 할 수 있는 일이다. 하지만 자신이 가진 영향력으로 이러한 행동이 어떤 결과로 이어질지에 대해 조금 더 고민했으면 하는 마음이 든다. 한국인이, 한국에서, 한국 식재료로 만든 일식집이 타격을 받는건 일본에게는 아무런 영향을 미치지 못하면서 같은 한국인만 망하게 하는 일이기 때문이다. 초밥을 먹으며 생각한다. 이건 일본 음식이니까 이 가게를 망하게 해야 하는 것일까? 사장님도, 종업원도, 손님도, 식자재를 납품하는 분도, 식자재도 일본과 관련 있는 건 하나도 없고(간혹 일본에서 직수입해야 하는 양념류가 있을 수 있겠지만) 단지 조리 방법이 일본식일 뿐인데 이 가게를 망하게 하면 애국이 되는걸까?

생각이 학교에서 만나는 다문화 학생으로 이어진다. 한국에서 태어나 한국에서 자랐으며 한국말을 하는, 부모 중한 명 혹은 두 명이 외국 출신(이거나 귀화한 한국인)인 이 아이를 우리는 어떻게 대하고 있나. 학생은 그냥 학생이고아이는 그냥 아이일 뿐인데 이런저런 수식을 붙여서 아이를 바라보지는 않는지. 그런 편견을 온전히 감수해야 하는아이와 부모를 떠올린다.

내게 초밥은 그저 맛있는 음식일 뿐이다. 초밥을 먹으면서 일본을 떠올리거나, 마치 일본에 있는 거 같다는 생각을 하지는 않는다. 카레, 우동, 돈가스, 단무지를 먹으면서 일본을 떠올리지 않는다. 그냥 맛있는 음식을 먹으니 좋을 뿐이다.

초밥을 먹으며 관념이 참 무섭다는 걸 새삼 느낀다. 맛있고 기쁘게 먹으면 되는 초밥에 과도한 의미를 부여하여 누군가의(그 사람들 표현으로는 같은 동포의) 생업을 파괴하는 사람들의 무책임하고 추상적인 애국을 떠올린다.

애국이란 무엇인가.

눈이 가려워 안과에 갔다가 눈 안에 삽입한 렌즈의 부작
용으로 인해 앞으로 실명할 거라는 얘길 듣고 황망하여
이곳저곳 병원을 찾고 검색하고 수소문하면서 밤이 되면
현실을 부정하던 시간이 한 달이나 지났다. 처음 보름 정
도는 사람을 아예 만나지 않고 두문불출했는데 혼자 있고
싶은 만큼 사람이 그립고 사람을 만나 위로받고 싶은 마
음도 들었다. 때마침 연락해 온 사람들을 만났는데, "생각
보다 괜찮은데?", "웃는 걸 보니 당황스럽다."는 얘길 들었
다. 실명이 진행 중인 환자다움.

아프거나, 피해를 입은 사람에게 기대하는 어떤 모습이 있
는가 보다. 고통스러워 하고 자신을 비관하는 모습. 그런
모습을 보고는 내가 너를 그 수렁에서 건져내 주겠다는
뭐 그런…? 전형적인 '구원자로서의 나'라는 어떤 상이 있
었던 걸까. 근데 참 뭐랄까. 비참하게 울고 탄식하며 구해

달라고 애원해야 상대도 나를 구원해 줄 기분이 들 텐데 막상 와서 보니 비참하기는커녕 명랑하게 웃고 있으니 당황스러운가 보다. 목적한 바를 이루지 못해서 실망스럽고 화가 난 걸까.

돌이켜 본다. 나는 누군가에게 암묵적으로 어떤 '다움'을 요구하지 않았나. 거기에서 벗어난 사람을 이상하게 여기지 않았나. 학생답지 못한 사람, 교사답지 못한 사람, 부모답지 못한 사람. 그러면서 그런 판단의 기준을 '보편적 가치와 상식'이라고 합리화하진 않았나. 심리적 외상을 입은 사람을 바라보던 잘못된 시선으로 나 또한 나 자신과 학생을 바라봐 왔던 건 아닌가. 그랬다면 나는 이제 누군가를 볼 때 '다워야 한다'는 생각부터 버려야겠다.

나를 깊이 성찰하여 좀 더 너그러운 사람이 되어야겠다.

교사로서 학교에서 학생을 만날 때마다 회복의 기본을 떠올린다.

- 학생이 학교와 교실에서, 친구와 교사와의 관계에서 안전하다고 느끼도록 돕는지
- 학생이 학교 안팎에서 겪는 이야기를 스스로 재구성할 기회를 주는지
- 학생이 자신의 가족 공동체 또는 학교 공동체와의 연결을 복구 또는 강화하도록 돕는지

교사인 나의 생활도 이러한 관점에서 들여다본다.

- 나는 스스로 안전하다고 느끼는지
- 나의 이야기를 재구성할 기회를 충분히 갖고 있는지
- 내가 속한 공동체와의 연결을 복구 또는 강화하기 위해 노력하는지

나를 도울 수 있는 첫 번째 조력자는 나 자신이다. 나는 나에게 책임이 있다. 나는 리더로서 나를 잘 이끌어야 하고 팔로워로서 잘 따라야 한다. 그래야 교사 이전에 인간으로서 또한 교사로서 스스로 성장하고 다른 사람의 성장을 도울 수 있다. 모든 것이 좋아서, 문제없어서 괜찮은 게 아니다. 살아 있는 사람 중 위로가 필요 없는 사람은 없다. 나를 포함하여 사람들은 누구나 몸과 마음에 크고 작은 외상이 있다. 그리고 '상처'받은 경험은 사라지지 않는다. 우리의 경험을 어떤 방법으로도 '없었던 일'로 만들 수는 없다. 다만 지금은 그때와 달리 안전하니 괜찮다. 우리가 과거에 경험한 것을 재해석할 수 있으니 괜찮다. 공동체의 환대 덕분에, 그들과의 건강한 연결 덕분에 '이제는 괜찮습니다.'

상처 입은 치유자. 그것이 나를 비롯한 모든 사람의 정체성이다.

"나의 어둠이 다른 이를 비추는 빛이 될 것입니다."

모르는 이의 부고를 듣고 그의 SNS에 들어가 이력을 본다. 무슨 일을 했고 얼마나 촉망받던 사람인지 본인이 쓴 글과 지인들이 달아 놓은 댓글 등 곳곳에서 드러난다. 참으로 빛나는 재능을 가지고 있는 사람이구나. 나이가 한창때다 못해 아직 너무 어리다. 몇 줄 이력을 훑어보며 사람이 참 아깝다는 마음이 든다. 왜 아깝고 뭐가 아까울까? 사람이 죽었다는 것? 아니면 그의 재능이 더 이상 발휘되지 못하고 경력이 멈춘 것? 직접 만나거나 겪어 본 사람도 아닌데 글 몇 개와 그 사람에 대한 정보 몇 가지를 읽으며 아깝다고 여기는 내가 어딘가 한심하기도 하고 무섭게 느껴진다. 부고를 보기 전까지 그는 내가 살아가는 세계에 없던 사람인데 뭐가 그렇게 애석할까. 가까운 지인이 그의 죽음을 애석해 하니 나도 짤막한 글로 애도한 게 다인데.

단절된 초연결 시대. 낯선 이의 부고를 듣고 잠깐 애도한

다음 일상의 물살에 떠밀려 나는 저 멀리로 흘러간다. 세상에는 있었으나 나에겐 없었던 어느 낯선 이의 죽음, 잠깐의 애도와 영원한 망각.

죽었다는 소식 때문에 처음 알게 된 어떤 이의 삶을 보며 언제고 반드시 찾아올 죽음을 떠올린다. 불확실한 세상에서 확실한 건 오직 그 사실 하나뿐이지. 나는 어떻게 죽기를 바라지? 내가 바라는 대로 죽으려면 어떻게 살아야 할까.

시
간
에

매
듭

묶
기

어제와 오늘은 단지 하루만큼의 차이가 난다. 그러나 텔레비전에서는 뭔가 끝나고 새롭게 시작된 것처럼 요란하게 떠든다. 삼백예순다섯 번째 날에서 그냥 하루가 지났을 뿐이다. 끝난 건 무엇이고 새로 시작된 건 또 무엇일까? 사람은 언어를 사용하여 분절되지 않은 시간을 분절하여 생각한다.

달력은 끝났지만 세상은 무심히 흐른다. 여전히 노동자들은 철탑에 올라가 있고, 기간제교사들은 구직하느라 이력서와 자소서를 쓰며 머리를 쥐어뜯고 있다. 후배들 몇몇에게 연락해 보니 어제도 오늘도 도서관과 독서실에서 전공과 교육학을 공부했다고 한다. 12월 31일에서 그저 하루가 지나 1월 1일이 됐을 뿐이다.

달력이 넘어가는 것과 아무 상관없이 사는 사람들은 생각보다 많다. 그들에게 한 해는 점점 더워지다가 점점 추워지는 큰 주기일 뿐이다. 달력이 어떻게 넘어가고 날짜가 며칠로 바뀌든 일상이 똑같은 사람들은 생각보다 많다. 생일이 며칠인지 기억하지 못하는 사람도 있고 기억하더라도 특별히 기념하지 않는 사람도 많다. 누구나 생일에 가족과 함께 모여 오붓한 저녁 식사를 한다거나 가까운 사람들과 모여 맥주라도 한잔 마시면서 축하하는 건 아니다. 그런 사람들에게 하루는 그저 해가 아침에 떴다 저녁에 지는 일의 반복일 뿐이다.

그래도 매듭을 짓고 싶다. 한 해가 끝나갈 때는 그래도 어떻게 살아왔는지 뒤돌아보고 이때까지 열심히 살아온 나를 격려하고 또 살아갈 힘을 내는 의식이 필요하다. 그래서 일부러라도 마디 없이 계속 흐르기만 할 뿐인 시간에 매듭을 묶고 새 마음으로 시작하는 게 의미 있다. 어쩌면 우리가 무엇인가를 배우고 익히는 것, 즉 공부하는 것은 세상을 보는 관점을 갖기 위해서가 아닐까. 공부하는 이유는 일단 개인적으로 이익이 되기 때문이겠지만 공동체적 입장에서 보면 되도록 올바른 관점을 갖기 위해서가 아닐까. 아무리 오래 산다고 해도, 아무리 많은 책을 읽는다고 해도, 세상 전부를 다 알 수는 없다. 그렇다면 내가 보는 세상을 최대한 유리한 쪽으로, 거기에 더하여 그래도 조금이나마 세상을 이롭게 하는 쪽으로 볼 수 있다면 좋겠다. 헌신적인 사람이 되자는 게 아니라 실속을 챙기되 나 이외의 사람에게도 조금 마음을 쓰자는 정도.

그렇다면 한 해가 마무리될 때 지나온 시간을 정리하며 어떻게 살았는지 되짚어 보는 건 훌륭한 일이다. 새해가 시작되는 첫날을 설레며 맞이하는 것도 좋다. 그렇게라도 해서 마음을 다잡는 것이다. 가르치는 일은 다만 희망에 대하여 이야기하는 것이라고 한다. 기간제교사에게 새해는 앞으로 구직 활동을 두 달 안에 마무리해야 하는 첫날이 시작된다는 뜻에 불과할지도 모르지만 그렇다고 해도 너무 조바심만 내는 건 좋지 않다. 가르치기 위한 준비가 되어 있어야 구직 활동도 의미가 있다. 의식적으로 그래야 한다고 생각하는 것보다 실제로 그런 사람이 되는 게 더 낫다. 희망을 잃은 교사가 학생에게 희망을 이야기하는 장면은 상상하기 어렵다. 교직은 치열한 밥벌이기도 하지만 그래도 일종의 소명 같은 것. 교단에 서서 학생들을 만날 때는 그래도 좀 괜찮은 교사이고 싶다.

한 해가 시작될 때마다 뭔가 대단한 시작인 것 같다. 그것을 요란하게 기념하며 각오를 다진다. 해야 할 것과 하지 말아야 할 것을 떠올리고 하고 싶은 일을 하고 하기 싫은 일은 하지 않을 수 있는 한 해를 만들어 보자.

독서의 놀라운 점은 효율성에 있다. 누군가 오랜 시간을 들여서 배우고 깨달은 것을 짧은 시간 동안 내 것으로 만들기에는 독서만 한 것이 없다. 흔히 독서를 여행에 비유한다. 미지의 세계에서 낯선 경험과 만나는 공통점이 있기 때문이다. 독서를 통해 한 분야의 전문가가 전하는 이야기를 경청할 수도 있고, 다른 사람들이 일상 경험에서 깨닫고 느낀 점을 가만히 들을 수도 있다. 현실을 바탕으로 지어낸 이야기 속에서 현실보다 더한 진실을 만날 수도 있으며 다양한 성격을 지닌 인물들이 갈등을 일으키고 풀어내는 과정을 엿볼 수도 있다. 인생이 게임이라면 독서는 짧은 시간에 경험치를 잔뜩 올릴 수 있는 아이템인 셈이다. 책을 여는 것을 흔히 새로운 세계로 이어진 문을 여는 것에 비유한다. 어디든 갈 수 있고 어느 시대와도 연결된다. 그리스 로마 시대의 지혜로운 이들을 만날 수 있고 고명한 영적 스승들과도 대화할 수 있다. 사람은 누구나 어렸을 때 많은 이야기를 듣고 자란다. 어린이는 새롭고 신기한 이야기를 좋아하고 상상 속에서 수많은 이야기를 지어내기도 한다. 누구든 타고난 독자이자 작가인 셈이다. 그래서 독서의 완성을 '쓰기'라고 하는가 보다. 읽기와 쓰기는 서로를 보완하여 완성시킨다.

읽은 내용을 글로 정리하면 책에서 얻은 생각과 느낌이 체계적으로 정리된다. 말을 하면서 생각이 정리되는 것처럼 쓰기도 마찬가지다. 이렇게 이해한 것을 표현하면서 이해가 명확해지고, 명확해진 이해는 다시 잘 정리된 표현으로 나타난다. 이런 과정을 반복하면서 생각이 체계화되고 세밀해진다. 사고가 확장되면서 파편적으로 알고 있던 지식들이 서로 연결되어 새로운 체계를 만들어 낸다.

말하기, 듣기, 쓰기, 읽기는 배움의 과정이자 목표다. 주제가 다양할 뿐 사실 공부한다는 것은 이러한 네 영역의 상호 과정이 점차 확장되고 고도화되는 것이다. 개인적으로 배운 지식을 잘 이해했는지는 말하고 쓰게 하면 확인할 수 있다. 정답 고르기가 아니라 배워서 이해한 것을 아는 대로 전부 쓰는 방식으로 지적인 훈련을 하는 것이 성장에 가장 유리하다. 게임에서 능력치를 올리는 방법은 버프와 스탯이 있다. 객관식 문항을 많이 푸는 방식으로 생기는 효과가 일시적으로 능력치를 올려 주는 버프라고 한다면 말하기나 서논술형 쓰기로 얻게 되는 효과는 영구적인 기본 능력을 올려 주는 스탯 수치 상승이라고 비유할 수 있다. 게임을 해 본 사람이라면 어느 쪽이 더 좋은지 알 것이다. 심지어 버프로 일시적으로나마 상승하는 능력치 또한 기본 능력치에 영향을 받는다.

많이 쓰면서 읽어야 더 효과적으로 읽을 수 있다. 독서가 힘들다면 input에 비해 output이 너무 적어서 흐름이 멈춘 게 아닌지 의심해 보자. 쓰기는 독서를 완성하고 독서는 쓰기를 촉진하여 선순환한다.

말을 하거나 글을 쓸 때는 핵심부터 이야기하라고 강조한
다. 이른바 두괄식 구성으로 말이다. 먼저 핵심을 이야기
하고 이유를 설명한 다음 좀 더 강조하고 싶으면 마지막
에 한 번 더 이야기하라고 한다. 이렇게 하면 양괄식이다.
그래야 듣는 사람이 이야기의 주제와 말하는 사람의 의도
를 쉽게 파악할 수 있다.

학기초가 되면 학생들에게 수업 시간을 이용해서 두괄식
으로 쓰인 글을 보여 주면서 형식을 따라서 쓰는 연습을
시킨다. 용건이 있어서 찾아온 학생이 핵심부터 이야기하
지 않고 구구절절한 사연부터 늘어놓으면 일단 말을 끊고
하고 싶은 말이 뭔지 핵심부터 이야기해 달라고 한다.

"그래서 하고 싶은 말의 핵심이 뭐지요? 그것부터 이야기
하면 좋겠어요. 우선 그걸 들어 보고 더 알고 싶은 게 있으

면 질문할게요."

그렇게 하면 특히 논리적 글쓰기가 좋아진다. 끝까지 읽어야 무슨 얘길 하고 싶은 것인지 알 수 있는 글보다 첫 문장에서 단숨에 핵심이 드러나는 글이 더 뚜렷한 인상을 줄 수 있다. 인생도 비슷하지 않을까? 목표와 방향을 먼저 정해야 구체적인 일정과 상세한 계획을 짤 수 있으니 어쩌면 사는 것 자체가 두괄식인지도 모르겠다. 하지만 사람에 따라서는 미괄식도 나쁘지 않다고 생각한다. 나도 이것저것 그때그때 마음이 가는 대로 인연을 따라가다 보니 어느새 교사로 살고 있더라.

뭘 잘 몰라서 못하는 사람보다 아는데 안 하는 사람들이
세상을 망친다. 물론 몰라서 못하는 게 괜찮다는 것은 아
니다. 뭘 모르면 제대로 알아서 올바른 일을 하기 위해 부
단히 힘써야 한다. '아는 게 힘'이라는 말처럼 뭐가 잘하는
일인지 아는 게 우선이다. 그다음 중요한 건 뭘까? 잘못된
일을 하려는 순간 사람을 멈추게 하는 건 잘못된 일이라
는 걸 알기 때문에 느끼는 '부끄러움' 곧 양심이다.

누가 나를 온종일 지켜보는 것이 아니니 남들 모르게 잘
못을 저지를 수 있다. 하지만 나만큼은 내가 한 행동을 알
고 있다. 때로는 몰라서 실수할 때도 있지만 대개는 잘못
이라는 걸 알면서도 뭐 어때, 괜찮겠지 하는 생각으로 그
냥 해 버리는 경우가 더 많다. 그래서 지식을 갖추는 한편
무엇보다도 '잘못을 저지르면 부끄럽다'는 감정을 예민하
게 느끼고 그걸 느낄 만한 잘못을 최대한 하지 않도록 만

드는 게 중요하다. 그러면 스스로를 통제하는 '자율적인 도덕인'이 될 것이다. 잘못을 저지르고도 반성하여 뉘우치지 않으면 무감각해져서 습관처럼 잘못을 저지르고도 부끄러워할 줄 모르는 염치없는 사람이 된다.

양심은 거울과 같다. 양심이 일그러져 있으면 거기에 행동을 비쳤을 때 일그러진 모습이 나온다. 또 깨끗하게 닦아두지 않으면 흐릿하게 보인다. 온전하고 깨끗하게 유지하도록 잘 관리해야 한다. 그러니 평소에 자신의 행동을 돌아보고 성찰하는 연습을 해야 한다. 혹시 잘못을 저지른 건 아닐까 하는 생각으로 불안해 하며 전전긍긍하라는 게 아니라 일과를 마치기 전에 잠깐이라도 오늘 하루 했던 일들을 떠올리며 아쉬운 일, 고쳐서 더 낫게 할 일이 있는지 생각해 보라는 뜻이다. 이렇게 하면 잘못된 일을 하면서 뭐 어때, 괜찮겠지 하는 안일한 생각으로 잘못인 걸 알면서도 그냥 해 버리는 경우가 줄어들 것이다. 내 이익보다 남의 손해를 먼저 떠올려 잘못된 행동을 멈추고 올바른 선택, 적어도 나쁘지 않은 선택을 할 확률이 높아진다면 무엇보다 스스로 떳떳하고 당당하여 거리낌 없이 자유롭게 살 수 있다.

체면을 차리고 부끄러움을 아는 마음 '염치'를 안다면 다른 사람을 볼 낯이 없거나 스스로 떳떳하지 못한 '수치'를 당하는 일이 없을 것이다.

나는 나의 희망이다. 더 구체적으로 말하면 내 희망은 내가 선택하는 행동이다. 복잡하게 엉킨 일도 결국은 순리대로 될 것을 믿는 나, 안에서는 욕심이 기회를 엿보고 밖에서는 유혹이 미소 짓더라도 스스로를 위해 좋은 몫을 선택할 나, 용광로 같이 펄펄 끓는 강한 에너지를 내면에 품었으면서도 이를 잘 통제할 수 있는 나, 힘들고 어려운 일을 만나고 비난과 조롱을 받아 잠시 쭈글쭈글해지더라도 맑은 날 물에 젖은 한지가 팽팽하게 펴지듯 쨍쨍한 햇빛 아래서 말짱해질 나.

나는 크고 작은 실패와 성공을 지나 여기에 있다. 잊고 싶은 순간도 있고 아무에게도 말하지 못한 비밀로 간직하고 싶은 부끄러운 모습도 있다. 하지만 밝고 선한 선택을 했던 시간과 그러고자 하는 지향을 가지고 있다. '그럼에도 불구하고' 날마다 모든 면에서 점점 더 나아지고 있는 나.

내가 나의 희망이다.

내가 나의 희망인 이유는 평생을 나로서 살아가야 하기 때문이다. 내가 나의 등불이 되어 어둠을 밝히고 내가 나를 지팡이 삼아 의지하며 걸어간다. 태어나 지금까지 매일 보람과 후회를 번갈아 디디며 걸어와 여기에 있다. 나는 운동장을 뛰는 선수이자 심판이며 감독이다. 또한 응원하는 관중이며 중계하는 해설자다.

나는 나의 희망이다. 이러거나 저러거나 함께 끝까지 가야 할 가장 가까운 친구, 첫 번째 이웃이며 내가 쓴 모든 글의 첫 독자이자 가장 내밀한 비평가, 내가 내는 모든 소리의 첫 번째 청자인 나. 나는 나와 함께 내게 주어진 길을 천천히, 그렇지만 멈추지 않고 걸어간다.

3 그럼에도 불구하고,
교사는 교육한다

코로나가 한창 기승일 때 교사 확진자가 많아지면서 기간
제교사 구하기가 힘들단 얘길 들었다. 사실 기간제교사 구
하기도 힘들지만 단기 근무할 시간강사 구하기는 훨씬 더
힘들다. 기간제교사는 학기 중간에 정규 교사를 대신하는
경우도 있지만 새 학년을 함께 시작하는 경우도 많다. 이
때 새로 부임한 기간제교사가 학교 공간과 시스템에 잘
적응할 수 있도록 적극적으로 도와주고 배려해 주는 친절
한 분들이 대부분인데 간혹 기간제교사나 시간강사를 이
렇게 생각하는 학부모, 학생도 있다.

임용시험 합격 못해 매년 이곳저곳 떠돌아다니는 불쌍한 보따
리장수, 학교나 교사가 필요해서 부르면 군말 없이 달려와야 하
는 노비, 시험 붙을 실력은 없으면서 선생님 소리는 듣고 싶어
하는 양체, 교직에 빨대 꽂아 단물만 쪽쪽 빠는 기생충, 잠깐 왔
다 가는 뜨내기 임시 교사, 가짜 교사

학부모나 학생의 이런 시선을 받는 건 참 힘들다. 하지만 더 견디기 어려운 건 교단에서 함께 일하는 동료가 나를 이렇게 볼 때다. '열심히 하면 진심을 알아주겠지' 하는 생각에 묵묵히 맡은 일을 열심히 하지만 가끔은 이런 시선이 가시가 되어 몸을 찌르거나 목에 걸린다. 그러려니 하면서 내가 너무 과민하게 생각해서 무심히 넘기지 못하는 건 아닌가 스스로를 점검하기도 하는데 누군가는 내게 피해의식이 심하다고 한다. 동일 노동, 동일 처우를 주장하면 정규 교사는 힘들게 시험 봐서 이 자리에 온 사람인데 기간제교사와 동일 처우를 받는 건 역차별이라며 반대한다거나 기간제교사는 들어갈 수 없는 정규 교사 모임을 따로 만든다거나 기간제교사가 많아져서 학교가 비정상적으로 운영된다는 주장을 들으면서 불편한 마음이 드는 게 피해의식인지 잘 모르겠다.

최근 수업 지원 나갔던 동료 교사가 이와 비슷한 이야기를 정규 교사로부터 들었다고 한다. 아직 젊으니 보따리장수 생활 그만하고 마음 딱 잡고 한 일 년 공부해서 정정당당하게 진짜 선생님이 되라고 했다며 어떻게 하면 좋겠냐고 내게 물었다. 그 선생님 말씀이 '사람들이 선생님, 선생님 해 주니까 진짜 선생님이 된 것처럼 착각하는 거 같은데 빨리 정신 차리고 시험 보라'고 했단다. 절박하지 않아서 기간제교사로 안주하는 거라며 나무라셨다고 한다. 학교에서 아이들이랑 함께 지내는 게 너무 좋다고 교사 하길 잘했다며 웃던, 이제 교사 생활한 지 채 일 년이 안 된 동료가 이야기를 전하며 짓던 표정을 잊을 수 없다. 선배로서, 동료로서, '교사'로서 참담한 기분이 들었다. 절박하지 않아서 편하게 기간제교사를 한다니….

기간제교사는 정해진 기간 동안 학교장과 계약하는 '정교사'다. 기간제교사도 '교원자격증'이 있고 법률에 의해서 자격을 갖춘 사람이다. 내 자격증에 이렇게 적혀 있다.

- 자격: 중등학교 정교사(1급) 국어
- 초중등교육법에 정해진 자격기준에 따라 위의 자격이 있음을 인정하고 이 증서를 수여함.
- 법정해당자격기준: 초중등교육법 제21조 제2항 별표(2) 자격기준 제3호

동료를 나라가 법률로 인정하는 내용 대신 계약 형태로 지칭하는 교사가 있다면 부디 다시 한 번 생각해 주길 부탁드린다. 교사라면 당연히 학생들에게 직업에는 귀천이 없다고 가르칠 텐데 직업도 아니고 계약 형태에 귀천이 있다고 생각하는 건 좀 이상하다.

봄비가 온다. 겨울부터 이어진 가뭄으로 건조주의보가 뜨고 산불이 잦았는데 참 다행이다. 이 비로 공기가 좀 깨끗해지고 세상이 촉촉해지길 기도한다. 기간제교사와 정규교사는 경쟁이 아니라 협력하고 함께 가는 관계다. 부디 아무에게도 도움이 되지 않는 불필요한 오해와 갈등이 사라졌으면 좋겠다.

기간제교사 문제는 초등과 중등이 다르고 공립과 사립이 다르고 교과목별로 다르고 대도시와 지방 중소도시, 같은 대도시 안에서도 학군에 따라 다른, 그야말로 복잡해서 한마디로 규정하기 어려운 문제다. 사례별로 다르고 전체적으로도 설명이 필요한 복잡한 주제인데 일반화하여 불필요한 오해와 갈등의 소지를 만드는 건 아닌가 걱정도 되고 현재 기간제교사로 근무하고 계신 선생님들께 오히려 상처가 되지 않을까 미안한 마음도 든다.

혹시 이 글을 읽는 분들에게 '정규 교사가 기간제교사를 무시하고 괴롭힌다.'는 이분법적 도식이 생길까 두려운데 꼭 그런 것만은 아니다. 상황에 따라서는 기간제교사가 학교를 힘들게 하는 일도 있다. 기간제 채용 시 면접 대상자가 아무런 연락도 없이 나타나지 않는다거나 채용 확정 후 연락이 안 되는 경우도 있다. 사실 이런 경우는 학교 입장에서 귀찮고 번거롭긴 하지만 개학 직전이 아니라면 비교적 쉽게 해결할 수 있다. 면접 대상자든 최종 합격자든 가능한 복수 인원으로 선발하기 때문에 차순위에게 연락을 하면 된다. 정 안 되면 재공고를 낼 수도 있다. 문제는 개학 직전에 연락이 두절되거나 3월 1일이나 3월 2일 새 학기 첫날에 '다른 학교로 가게 됐다'든가 '사정이 생겨 근무할 수 없다'고 하여 학교를 곤란하게 만드는 경우다. 이렇게 되면 학교 행정에만 부담을 주는 게 아니라 학생들이 피해를 입는다. 그렇게 행동하는 교사에게도 나름의 사정과 이유가 있을 것이다. 사실 계약이란 당사자 모두에게 선택권이 있으니 계약 파기가 절대로 있을 수 없는 일은 아니다. 그렇지만 교사가 학생에게 피해를 입히면서까지 사전에 아무런 얘기도 없이 갑자기 일방적으로 그렇게 행동한다는 건 납득이 어렵다. 학교와 기간제교사 관계를 강한 가해자와 선량한 피해자 구도로 몰고 가면 안 된다. 그런 경우가 없는 건 아니지만 그걸 일반화하는 건 적절하지 않다. 요지는 이상한 학교만 있는 게 아니라 이상한 기간제교사도 있다는 것이다.

한국교육개발원 교육통계에 따르면 2022학년도(4월 1일 기준) 전국 교사 507,793명 중 정규 교사는 437,736명이고 기간제교사는 70,057명으로 13.8%에 해당한다. 한 해 만에 기간제교사 8,063명이 늘어나는 동안 정규 교사 1,129명이 줄었다. 학령인구 감소에 대비하여 정규 교사 채용을 줄이고 기간제교사 채용을 늘린 것이다. 출생아 수가 계속 줄어들고 있어서 앞으로 기간제교사 수는 지금보다 더 빠른 속도로 늘어날 것으로 예상된다. 그렇다면 기간제교사의 채용과 관리를 보다 체계화할 필요가 있다. 지금처럼 채용과 관리를 학교별로 운영하지 말고 교육청에서 통합하여 관리하면 어떨까? 소도시에서는 학교급에 관계없이 고질적인 구인난에 시달리고 있다. 이런 지역에서는 구인 공고를 내도 지원자가 없어서 과거 근무 중 물의를 일으켰거나 업무 역량이 현저히 부족한 기간제교사라도 어쩔 수 없이 채용해야 하는 어려움이 있다. 교육청에서 기간제교사의 채용과 관리를 통합하여 관리하면 이런 문제를 어느 정도 해결할 수 있지 않을까?

어떤 문제든 구조적인 측면과 개인적인 측면을 모두 고려해야 한다. 제도 개선과 적극적인 행정으로 풀어야 할 문제와 문화를 만들고 개인의 자발적인 노력과 경각심을 고취하여 풀어야 할 문제가 각기 다를 것이다. 그러지 않고 모든 문제를 한데 모아서 특정 집단이 문제인 것처럼 싸잡아 몰아 가면 문제는 더 심화될 뿐이다.

'이제는 대학이 미래를 보장해 주지 않는다.'

불안한 시대 상황을 보여 주는 문구다. 지금 사회 분위기를 이렇게 묘사한 다음 더욱더 심화될 거라고 경고한다. 그럼 이젠 어떡하나 싶은 불안이 몰려온다. 열심히 공부해서 좋은 대학 가는 것만으로는 충분하지 않다니 막막하다. 근데 실은 원래부터 그랬다. 학력과 학벌이 미래를 보장해 준 적은 여태 단 한 번도 없었다. 학력과 학벌은 필요조건일 뿐 충분조건이거나 필요충분조건이었던 적이 없었는데 그동안 세상이 '고학력 + 좋은 학벌 = 보장된 미래'인 것처럼 얘기해 왔던 거다. 그런데 더 이상 이런 방식이 사람들에게 안 먹히니 마치 세상이 당장이라도 망할 것처럼 호들갑을 떤다.

그동안은 계속 이런 식이었다.

"좋은 학벌이 멋진 미래를 보장해 준다. 그러니 초등학교 입학 전부터 대입 경쟁력을 갖춰야 해! 돈 생각하지 말고 쏟아부어야 한단 말이야! 나중에는 늦어. 투자라고 생각해. 남들보다 일찍 시작해야 남들보다 앞서갈 수 있어. 남들처럼 하면 늦는다고!"

"너무 힘들어요. 저는 지금 친구도 사귀고 놀고 싶은데."

"현실 감각이 전혀 없구만. 내 경고를 의심하지 마! 비참한 인생을 살고 싶어?"

"전 겨우 일곱 살인데요."

"명문대 입시는 유치원 때 이미 결판난다고! 나중에 네가 열심히 해야겠다고 생각할 땐 이미 다들 전력으로 달리고 있어서 네가 아무리 서둘러도 결코 따라잡을 수 없어! 남보다 일찍 시작해야 경쟁력이 생긴단 말이야!"

많은 사람이 이걸 믿는 거 같은데 이거 원래 거짓말이다. 좋은 성적을 얻고 명문대에 진학했지만 행복하게 잘살기는커녕 나중에는 어디로 갔는지 어떻게 됐는지 흔적도 없이 스러진 수많은 사람들이 전부터 있어 왔다. 원래부터 미래는 입시 결과와 직결된 것이 아니었다. 미래라는 게 단일한 요인으로 좌지우지될 만큼 만만한 게 아니다. 인생은 수많은 변수와 변수의 조합으로 이루어지는데 고정된 수식이 있는 것도 아니다. 먼저 그 길을 지났던 사람들이 경험상 '이렇게 하니 이렇게 될 확률이 높아지더라' 하고 안내해 줬던 것인데 그걸 이용하여 불안해 하는 사람들을 공포에 빠뜨렸다가 희망을 던져 건져 내기를 반복하면서 누군가는 지배당하고 누군가는 돈을 벌었다. 그런데 통신의 발달로 정보가 통제할 수 없는 수준으로 널리 퍼지자 더 이상 이 방법이 통하지 않는다고 판단해서인지 마치 충격 고백하듯 얘기한다. 그러면 불안한 사람들이 무슨 뾰족한 수라도 있을까 싶어 영상을 보고 그걸 올린 사람들은 조회 수를 올려서 또 돈을 번다. 어찌 보면 돈 버는 재주가 참 대단하구나 싶다. 오늘의 노력이 내일의 결과로 이어질 확률은 언제, 어디에, 어떤 방식으로 한정된 자원을 얼마만큼 투자하느냐에 따라 달라진다. 하지만 어떤 식으로든지 결과를 보장해 주지는 않는다. 심지어 오늘과 똑같은 방식으로 내일 다시 하더라도 같은 결과가 나오지 않을 수도 있다. 그런데 마치 안정된 미래로 가는 문을 열 수 있는 '황금 열쇠'가 어디 따로 있는 것처럼 얘기하는 사람들이 있다.

오지 않은 내일을 불안해 하는 사람들을 더욱 불안하게 하는 요인이 있다. 바로 상대평가다. 상대평가는 가뜩이나 불투명한 미래를 더욱 예측하기 어렵게 한다. 상대평가에서는 목표에 도달했는지보다 남을 이기는 게 중요하다. 내 성공과 실패가 남에게 달려 있다는 뜻이다. 불안을 조장하는 사람들은 상대평가를 내세우며 '닥치고 열심히', '상대가 날 앞지를 수도 있으니 쉬지 말고 계속' 해야 한다고 쉴 새 없이 다그친다. 공포 마케팅을 하기에 최적화된 평가 유형이 상대평가인 것이다. 상대평가 제도 안에서는 절대적 기준이라는 게 없어서 모두 불안에 떨며 깜깜한 어둠 속을 헤매게 된다. 그런데 이제는 열심히 노력해서 좋은 대학을 가도 미래가 보장되지 않는다면서 사람들의 불안하고 우울한 마음을 자극한다.

- 이걸 하면 불안이 사라져서 평안해집니다.
- 저희한테 오시면 참기쁨과 행복을 누리실 수 있습니다.
- 이제 힘들게 살지 마세요. 저희가 도와드릴게요.

이런 식으로 말하는 것들은 예외 없이 전부 혹세무민이요 감언이설이다. 모든 것에는 마땅한 대가가 있기 마련인데 저런 말로 곤경에 빠진 사람, 지친 사람, 불안해 하는 사람을 유혹한다. 이는 자신이 줄 수 있다는 것만 앞에 내세울 뿐 그걸 얻기 위해 치러야 할 대가는 숨기거나 줄여서 말한다. 이것과 비슷한 게 있다. 도박, 마약, 술, 담배, 향락.

조회 가셨던 선생님을 따라 학생이 들어온다. 선생님은 외출증을 써 주며 묻는다.

"집이 학교에서 가깝다고 했지?"
"네, 집까지 5분밖에 안 걸려요."

학생은 초조해 보인다. 외출증을 받으면 아마 후다닥 달려 나갈 것만 같다. 선생님은 외출증을 쓰며 묻는다.

"집에 다녀올 때 가장 중요한 게 뭐예요?"
"음, 빨리 다녀오는 거? 1교시 전까지 다녀올 수 있어요!"

"그거 아닌데."
"음, 제출물 잘 챙겨서 오는 거? 금방 찾을 수 있어요. 책상 위에 꺼내 놓고 깜빡한 거라서 집 가자마자 바로 가지고 나올게요.”

“아니, 그것도 아닌데. 제일 중요한 건 안전하게 다녀오는 거예요. 학교 정문에서 바로 길 건너지 말고 꼭 교차로로 내려가서 횡단보도로 건너야 해. 알았죠? (네) 1교시 선생님께 말씀 드려 놓을 테니까 너무 서두르지는 마. 차 조심하고 길 잘 건너고. 알았죠? 할 수 있지?”

“네, 조심히 다녀올게요!”

1교시 들어갈 준비를 하며 가만히 듣고 있자니 마음이 따뜻해진다. 그런데 학교 안팎에서 학생에게 안전 문제가 생기면 여론은 ‘학교는 뭐했냐?’라거나 ‘안전교육을 하라.’고 한다. 아무래도 외부에서 보기에는 교사가 안전 지도를 하지 않아서 학생이 위험에 빠진다고 생각하는 것 같다. 어른이라면 누구나 당연히 그러겠지만 더욱이 교사는 학생 안전을 중요하게 생각한다. 내가 본 선생님이 모두 다 그랬다. 아무리 훌륭한 교육을 하더라도 학생이 다치면 안 된다고 선배 선생님들께 배웠다. 교사는 학생 안전을 제일 우선으로 생각하는 사람이다.

'놓을 방放'에 '배울 학學'을 쓰는 방학은 여름 혹서기와 겨울 혹한기에 실시한다. 이때 방학을 하는 이유가 과거에는 국가에서 냉난방비를 아끼기 위해서라는 말도 있었다. 아닌 게 아니라 사계절이 뚜렷한 우리나라의 여름은 긴 장마로 인하여 습하고 더운 '무더위'로 유명하다. 아프리카에서 온 지인에게 아프리카보다는 그래도 덜 덥지 않냐고 했더니 이렇게 하소연하더라.

"한국 더위는 너무 힘들다. 내 고향은 이곳보다 덥지만 그늘에 들어가면 시원한데 한국은 밤에도 잠을 잘 수가 없을 정도로 너무 습하고 덥다."

2016년도 조달청의 공공건축물 유형별 공사비 분석 결과 학교 건물이 가장 저렴한 것으로 나타났다. 심지어 교정 시설보다도 단가가 낮다. 초등학교 짓는 데 평당 166

만 원의 예산이 든 반면, 교정 시설은 258만 원이었다. 게다가 2019교육통계연보(2019년 4월 1일 기준)에 따르면 학생 수 30명이 넘는 학급은 전국적으로 2만 2895개였고 이는 전체 1만 1657개교(특수학교와 각종 학교 제외)에 있는 학급 23만 2949개 대비 9.8%였다. 이를 종합해 보면 가뜩이나 여름에 덥고 겨울에 추운 우리나라 환경에서 설령 냉난방비를 많이 쓴다 하더라도 낮은 공사비로 단열이 잘 되지 않는 학교 건물과 미어터지는 학생 수 때문에 방학을 할 수밖에 없는 구조적인 문제가 있다.

학부모 입장에서는 내 아이가 무더위로 잠시 배움을 놓은 사이에 다른 집 애들이 열심히 해서 내 아이만 경쟁에서 뒤쳐지지 않을까 걱정이 클 수도 있다. 더구나 과거와는 달리 요즘 아이들이 꼽는 최고의 여름 휴식은 시원한 에어컨 바람을 맞으며 잔소리하는 엄마 없이 스마트폰이나 컴퓨터 게임을 실컷 하다가 배달 음식 시켜 먹는 것이라고 하니 방학 동안 학부모의 속이 어떨지 짐작이 가고도 남는다. 아마 성인 대부분이 들어 봤을 것이고 나처럼 어린 시절 부모 말 안 듣고 제멋대로 굴던 분들이라면 수없이 들었을 '대체 저놈이 커서 뭐가 되려고'라는 말이 저절로 나올 것이다. 속 답답하실 학부모님들께 심심한 위로의 말씀을 전한다.

사실 공부工夫는 불교에서 말하는 주공부做工夫에서 유래한 말이다. 주공부란 '불도佛道를 열심히 닦는다'는 뜻이다.

그중에서도 특히 참선參禪에 진력하는 것을 가리킨다. 표준국어대사전에서는 공부를 '학문이나 기술을 배우고 익힘'이라고 정의한다. 그런데 지금 학생들은 학교와 학원에서 많이 배우기는 하는데 그걸 익힐 시간을 갖지 못하는 것 같다. 배우고 익히지 못하면 어떻게 될까? 《논어》에서 공자가 한 이야기를 살펴보자.

> 子曰學而不思則罔 思而不學則殆 자왈학이불사즉망 사이불학즉태
> 배우기만 하고 생각하지 않으면 얻는 것이 없고,
> 생각만 하고 배우지 않으면 위태롭다. 《논어》, 위정 제15장

이 문장은 배울 때 사람들이 어떤 실수를 많이 하는지, 또 배우는 사람이라면 무엇을 조심해야 하는지에 대해 말한 것이다. 공자는 기원전 500년경 사람이니 그가 저렇게 말했다는 건 아마도 과거부터 많은 사람들이 배우는 데만 몰두하다가 별로 익히지 못해 배우는 데 들인 시간과 노력이 모두 물거품이 되고 말았던 것 같다. 소박한 음식을 조금 먹더라도 음식을 귀하게 여기고 감사하는 마음으로 좋은 사람들과 함께 꼭꼭 씹어서 즐겁게 먹는다면 최고의 식사라 할 수 있다. 배움도 마찬가지 아닐까?

최근에는 사회 전반에 학교교육과 교사를 믿지 못하는 분위기가 형성된 것 같다. 방과 후 글쓰기 수업을 학교에서 교사가 직접 운영한다는 설명에 학교 교사는 믿을 수 없으니 실력 좋은 외부 강사를 섭외할 수 없냐는 학부모 전

화가 왔다는 얘기를 들었다. 물론 학교와 교사에 대한 불신도 안타까웠지만 아이가 배운 것을 익힐 때까지 충분히 기다려 주기보다 더 좋은 선생님을 찾아 배우기만 하면 된다고 생각하시는 것 같아 마음이 아팠다.

많이 배웠으나 익히지 않으면 시간이 지나면서 배웠던 것이 모두 사라지고 배우기 전 상태로 돌아간다. 배우는 것을 음식 먹는 것에 비유해 보자면, 음식을 먹고 소화하지 않으면 에너지를 얻지 못하여 몸에 이로움이 없는 것과 같다. 적게 배워도 충실히 익힌 사람과 많이 배웠지만 제대로 익히지 않은 사람은 시간이 갈수록 큰 차이가 날 것이다. 그러니 배움을 놓는 때, 즉 방학이야말로 그동안 배운 것을 익히기 좋은 기회라고 할 수 있다. 콩나물은 사람이 지켜보지 않는 어둠 속에서 어느새 자란다는 것을 기억한다. 방학을 맞이하는 우리 학생들 모두가 그동안 학교에서 배운 것을 잘 익혀서 눈을 씻고 다시 봐야 할 만큼 훌쩍 성장하길 바란다.

"아, 말투만 그런 거예요. 얘가 이거 때문에 오해를 많이 받았어요. 아빠 닮아서 그래요."

"네, 그럴 수도 있지요. 근데 아이를 열흘 넘게 관찰해 보니까 제 말을 끊기도 하고 말할 때 건들거리고 하는데 의사소통 요령을 가르치고는 있지만…(블라블라)"

"애가 아직 어리잖아요. 그리고 저희 부부가 맞벌이를 하는데…(블라블라)"

"네, 그렇군요. 근데 이 아이 지난번 법원에 갔던 것도…(블라블라)"

"선생님. 제가 각서라도 쓸 테니까 우리 애를 죽도록 패 주세요."

"예? 아니, 제가 왜요?"

아동학대 방지법을 생각한다. 각서를 써 주신다 한들 학부모님도 가정에서 어쩌지 못했던 아이를 교사인 내가 때릴

리도 (게다가 죽도록 팰 리는 더욱더) 없지만 말이라도 자기 자녀를 남에게 때려 달라고 말씀하시는 학부모님의 사고 방식이 이해되지 않는다. 보통은 안에서 자기들끼리 아웅 다웅하다가도 그중 누군가 밖에 나갔다가 해코지당하고 오면 분기탱천해서 똘똘 뭉쳐 대응하지 않나? 물론 학부 모님의 저런 얘기를 곧이곧대로 듣지는 않는다. 그렇게 말 씀하실 정도로 많이 속상하시구나 생각한다. 그런데 한번 은 정말 진지하게 각서 쓰고 지장이라도 찍겠다고 하시는 분이 있었다. 아버지는 아이에게 무관심하고 자기는 이제 아이를 이길 수가 없어서 전처럼 때리려고 손을 들면 아 이가 자기 팔을 잡는다는 거다. 그러니 선생님이 학교에서 엄하게 가르치시고 말 안 들으면 문제 삼지 않을 테니 때 려 달라고 각서 비슷한 종이를 들고 오셨다. 아이보다 학 부모 상담이 급한 거 같아 오래 얘기를 나누고 한 달에 한 번씩 학교에 오시도록 해서 꾸준히 면담했던 기억이 있다.

말투만, 행동만 그럴 뿐 알고 보면 착하지 않은 아이는 참 드물다. 말투와 행동이 문제면 교정해 줘야 한다. 안 그럼 착한 심성까지 말투와 행동을 따라 나빠진다. 형식이 내용 만큼 중요하다는 게 이런 경우다. 사람들은 보통 말투와 행동을 그 사람 자체라고 받아들인다. 겉바속촉(겉은 바삭 하고 속은 촉촉하다)이나 츤데레(겉으로는 엄한 척하지만 속마음 은 따뜻한 사람)를 얘기하면서, 바삭한 겉을 보고 나서 속은 그래도 촉촉하고 따뜻할 테니 조금만 기다려 주자고 생각 하는 사람은 애정이 넘치는 사람뿐이다. 이러려면 상대에게 무조건적인 애정을 가져야 하는데 살면서 만나는 사람 중에 그런 사람이 얼마나 있을까?

오늘도 학교는 바쁘다. 학습지도하느라 바쁘고 생활지도 하느라 바쁘다. 학생 상담도 해야 하는데 필요하면 학부모 상담도 해야 한다. 학부모가 응하지 않더라도 재차 시도해야 한다. 싫다는 사람에게 얘기 좀 하자고 거듭 요청하다가 심한 경우 욕설이라도 들으면 내가 왜 이렇게까지 해야 하나, 속된 말로 현타가 세게 오지만 그래도 학생을 생각해서 '한 번만 더' 하며 마음을 낸다. 학부모님께서 아이가 형제자매와 갈등이 너무 심하다고 호소하셔서 학생의 남동생을 상담한 적도 있다. 밀려드는 행정 업무에 툭하면 터지는 선도위원회. 학교에 있어도 퇴근을 해도 머릿속 한편에 늘 학교 일이 자리 잡고 있다. 마음 편히 퇴근할 수 있는 날은 언제나 오려나?

흔히 말하기와 쓰기는 그 수단이 말인지 글인지만 다를 뿐 표현이라는 면에서는 같다고들 한다. 그런데 조금 깊이 들어가 보면 많은 면에서 다르다는 것을 알 수 있다. 평소에 쓰기와 관련한 평가에서 '정해진 시간 안에 글로 써서 제출하는 답안이 과연 형평성에 맞고 공정한 방식인지'와 '능동적으로 아는 건지 수동적으로 외운 건지를 지금의 평가 방식이 제대로 측정할 수 있는지'가 고민이었다. 앎 그 자체만을 평가하기 위해서는 답안 작성 방식을 말하기/쓰기(자필, 입력) 중 어느 하나로 지정하지 않는 것이 옳지 않을까. 더구나 현 디지털 세대에게 답안을 자필로 작성하도록 제한하는 것이 문제가 없을지 생각해야 한다. 답안 작성 방식을 특정 방식으로 제한했을 때, 과연 모든 수험생의 능력을 제대로 평가할 수 있을 것인가 하는 의문이 든다. 막상 나 역시 손으로 답안을 작성할 때마다 손이 너무 아프고 시간도 오래 걸려서 아는데도 주어진 시간 안에 충분히 쓰지 못하는 경우가 많았다.

만약 우리가 학생의 능력에 대해 보다 공정하고 객관적인 평가를 하려 한다면 수험생이 가장 자신 있는 표현 방식을 선택하게 해야 할 것이다. 현재처럼 답안 작성 방식을 제한하는 것은 평가의 목적을 왜곡시킬 가능성이 매우 높다. 얼마나 쓰기 기술이 능숙한지, 곧 사고방식이 쓰기에 적합하도록 구조화되어 있는지, 얼마나 문장을 잘 작성하고 조절할 수 있는지 또는 얼마나 빠른 속도로 자필 기술할 수 있는지가 평가에 영향을 미친다면 학생이 자신의 능력을 공정하고 객관적으로 검증받을 수 없을 것이다.

결정적으로 쓰기의 결과물에 대해 질문하거나 논쟁의 대상으로 삼을 수 없다는 것도 문제다. 만약 쓰기의 결과물을 놓고 평가자가 작성자와 묻고 답하면서 답안을 수정할 기회를 준다면 어떨까? 그러면 우선, 알고 썼는지 그냥 외워서 내용도 모르고 기계적으로 적은 것인지 구분할 수 있을 것이다. 그러면 평가가 학습목표 달성 여부를 측정하는 기능과 학생의 성장과 발달을 돕는다는 본래의 취지에 맞게 쓰일 것이다.

본래 1차 언어, 본질적인 언어는 말이다. 글은 2차 언어 곧 발명품이다. 글을 다루는 능력은 말로 자신의 생각과 느낌을 표현하는 능력보다 훨씬 더 어려운 고등 능력이다. 본래 누구에게나 있는 동등한 능력이 아니다. 말도 그런 면

이 많으니 말하기와 글쓰기를 병행하지 않으면 우리는 학생이 수업 과정을 충실히 수행하여 학습목표에 어느 정도 수준으로 도달했는지 공정하고 객관적으로 알기 어렵다. 쓰기는 단순히 말을 기록하는 게 아니기 때문에 '쓰기 기술'이라는 비본질적인 요소가 듬뿍 영향을 미치는 왜곡된 결과를 얻게 될 것이다.

정교사가 담임하는 게 부담되고 싫어서 기간제교사한테 떠넘긴다는 뉴스를 봤다. 전에도 모 국회의원이 정확히 이 주장을 펼친 적이 있다. 정규 교사들이 생활지도의 어려움 때문에 담임을 회피하고 이걸 기간제교사에게 떠넘긴다고. 이게 기간제교사를 차별하는 것이고 위력에 의한 갑질이라며 비판인지 비난인지를 한 것이다. 이때 정규 교사들의 분노가 하늘을 찔렀다.

'위력에 의한 갑질? 교사가 악성 민원인에게 당할 때는 침묵하더니 갑자기 갑질 카드를 꺼내서 기간제교사들에게 휘두른다고?'

나는 기본적으로 모든 교사는 언제든 담임을 할 수 있어야 한다고 생각한다. 교과 지도는 가능하지만 담임 업무가 불가능하다면 그는 최소한 공교육 교사로서는 자질이 좀 부족한 거다. 건강이 좋지 않거나 현재 임신 중이어서 출산 후 휴직에 들어가면 담임 교체가 예상되는 등의 특수한 경우가 아니라면 교사는 누구나 담임을 할 수 있고 교과 수업을 할 수 있으며 행정 업무를 맡을 수 있고 생활지도를 해야 한다. 그래야 공교육 교사다. 학교는 그냥 교육기관이 아니라 교육행정기관이라서 그렇다. 배보다 배꼽이 큰 경우, 그러니까 수업보다 행정 업무에 더 시간과 힘을 써야 하는 상황이 문제지 교사가 행정 업무를 하는 것 자체는, 더구나 그게 담임을 하면서 처리해야 하는 교무행정 업무라면 일하는 자체가 문제는 아니다.

오히려 기간제교사라서 나에게 담임을 안 준다면 정말로 우울할 거 같다. 이렇게 말하면 오해의 소지가 좀 있지만, 담임을 해서 내 학급이 있어야 학교에 정이 붙기 때문이다. 내 학급 없이 수업만 하면 뭔가 남의 학교에 얹혀 있는 거 같아서 기분이 좋지 않다. 담임 하다가 힘들면 뭐 이런저런 얘기나 불평을 좀 할 수도 있지만 그거야 힘드니까 그냥 푸념처럼 하는 얘기고 막상 '넌 기간제니까 담임 제외, 담임은 전원 정교사!'라고 하면 나는 정말 속이 뒤집어질 것 같다.

언제인가 기간제교사한테는 고3을 안 맡기는 학교에서 근무할 때 진짜 상실감이 말도 못했다. 입학 때부터 2학년까지 함께 올라온 우리 애들이 눈앞에서 남(?)의 손 잡고 사라지는 걸 어쩌지 못하고 그냥 멀뚱히 보고 있다 돌아서야 하는 기분이었다. 그리고 다시 1학년을 맡았는데 좀

처럼 흥이 나질 않았다. 열심히 키워서 데리고 올라왔으니 마무리까지 함께해 주고 싶었는데 하필 내가 기간제라서 …. 특별한 경우이긴 하지만 3학년 담임 중에 기간제교사가 한 명 있긴 했다. 아무튼 이걸 정교사 vs 기간제교사 구도로 보거나 차별, 갑질 같은 관점으로 보면 뭐 그래서 어쩌자는 건가 싶다. 기간제교사에게 담임을 맡기는 게 문제가 아니라 담임에게 과도한 역할을 요구하는 게 문제다.

궁극적으로는 고교학점제를 준비해야 하는 고등학교에서 담임제 폐지로 가야 하지 않을까. 담임이 없으면 마치 학생들이 대혼란에 빠지고 일이 안 돌아갈 거 같겠지만 어차피 중등에서는 담임교사도 교과를 맡고 있어서 몇몇 주요 교과를 제외하고는 수업으로 담임 반 학생들 만나는 시간이 많지 않다. 나머지는 조회, 종례, 창체 때 만나는데 수업으로 오랜 시간 깊이 있게 만나지 않으면 라포가 잘 형성되지 않는 경우도 많다. 학생 입장에서는 담임이라고 해도 일주일에 한 번 수업하시는 낯선 선생님이라고 생각할 수도 있으니까. 그런데 생활지도를 해야 하니 불필요한 갈등이 생기는 것이다.

아무튼 기간제교사든 누구든 교사라면 담임을 할 수 있고, 해야 한다. 우선 학급경영이나 상담을 집중해서 할 수 있게 담임 업무부터 좀 간소화되었으면 한다. 그리고 궁극적으로는 중등에서 담임을 없애는 방향으로 가야 할 것이다.

내가 붓을 휘둘러 글을 쓴다면 내가 쓴 것일까 붓이 쓴 것일까? 아무래도 붓을 휘두른 게 나니까 내가 쓴 것일 텐데 어쨌든 글자는 붓에 의해 쓰였으니 붓이 썼다고도 할 수 있겠지.

좋은 글씨를 쓰려면 솜씨도 뛰어나야 하지만 도구도 좋아야 한다. 실력이 비슷하다면 좋은 도구를 쓰는 쪽이 좀 더 좋은 글씨를 쓸 가능성이 높다. 하지만 예부터 명인은 연장 탓하지 않는다고 하니 명인 정도 된다면 도구의 좋고 나쁨이 실력을 뛰어넘을 수 있을 것 같지는 않다.

그런데 교육이 바로 이렇다. 교육에는 수많은 철학과 방법론이 있다. 수업 기자재도 점점 첨단화되고 있고 최근에는 인공지능을 도입하는 주제로 논의가 한창이다. 물론 교육을 전적으로 인공지능에 맡기는 건 어렵고 수업의 보조 도구로 활용할 계획인 거 같다. 몇 년 전부터 계속 이야기되고 있는 공간 혁신도 교육에 큰 영향을 미치는 요소다. 이렇게 교육에 영향을 미치는 '도구'에 해당하는 것은 많다. 하지만 교육의 본질은 어디에 있을까? 어디서부터 교육이 시작될까?

교육은 만남으로 시작한다. 아무리 좋은 배움도 만나지 않고서는 이루어지지 않는다. 직접 대면하는 것만을 얘기하는 게 아니다. 세상 어딘가에는 정말 좋은 책들이 있지만 그 책을 만나지 못한다면 이로움이 생기지 않는다. 교육이 이루어지려면 어딘가에 계시는 좋은 선생님과도 우선 만나야 한다. 만남이 이루어져 관계가 생기면 자연스럽게 교육이 시작된다. 비록 지식을 좀 덜 가르치고 덜 배우더라도, 좋은 만남으로 시작한 좋은 관계를 깨지 않아야 배움이 유지된다. 좋은 가르침을 위해서라도 관계가 깨져서는 배움이 계속될 수 없다. 차라리 관계를 유지하고 가르치고 배우는 내용을 줄이는 편이 낫다.
좋은 만남으로 좋은 관계를 맺어야 비로소 교육을 이야기할 수 있다.

교육에서 학생이 자신의 한계 수준을 알게 하는 것은 중요하다. 한계를 정확하게 알면 즉, 어디까지 되고 어디서부터는 안 되는지를 알아야 그 이상을 위해 계획하고 시도하고 미흡한 부분을 수정 보완하여 다시 시도할 수 있다. 정확한 자기 한계를 알고 난 다음, 거기서부터 조금씩 할 수 있는 것들을 늘려 간다. 한계가 곧 노력의 시작점이 되는 셈이다.

하지만 한계 상황까지 가는 건 힘들다. 그래서 사람을 성장시키기 위해서는 강한 압력을 가해야 할 때도 있다. 어디까지가 한계인지 알기 위해서는 있는 힘을 다해 보는 경험이 필요하고 있는 힘을 다했는지를 확인하는 유일한 방법은 실패하는 것이다. 성장을 목적으로 하는 과정에서는 계획적이고 안전하게 실패할 수 있도록 전문적 지식을 가진 경험 많은 전문가가 돕는다. 이들의 안내대로 따르면 현재 내가 할 수 있는 정도를 파악하면서 안전하게 실패할 수 있다. 그런데 어떤 사람은 자신이 실패했다는 사실 자체를 받아들이지 못한다. 가뜩이나 실패해서 창피한데 그걸 돌아보며 성찰하기는 싫다고 하는 경우도 많다. 실패한 자신을 돌아보면 두렵고 화가 나니까 안 하겠다고 하는 거다. 현재 상태를 진단하고 파악할 목적이라고 의도를 설명해도 두려움을 쉽게 떨쳐내지 못한다. 그들은 실패 그 자체에만 집중한다.

성장을 위해서는 많은 걸 경험하고 성찰해야 한다. 다양한 경험을 해야 성찰을 통해 풍성하게 성장할 수 있는데 입맛에 맞는 경험만 골라서 하려 드니 안타깝다. 먹는 것이나 경험하는 것이나 한쪽으로 쏠리면 균형 잡힌 성장이 어렵다. 특히 입맛에 맞는 대로만 하겠다고 고집하면 아무리 전문가라도 제대로 돕기 어렵다. 고집을 꺾고 마음을 말랑말랑 부드럽게 만드는 것까지도 전문성에 포함시킨다면 나는 그저 내 부족함을 받아들이고 더 열심히 정진하겠지만 아무튼 그렇다.

그런데 이렇게 하다가 학생이 그만 기분이 상하면 자칫 교사가 교육활동 중 아이의 정서를 학대했다는 혐의를 받고 아동학대범이 될 수 있다. 이건 나쁜 상상이 아니라 지금 우리 교실에서 실제로 일어나고 있는 일이다. 지금 상황에서는 교사들이 당면한 우리 교육의 한계다. 이 문제를 어떻게 풀어내면 좋을까.

지식이 많으면 똑똑하다. 똑똑하다고 다 지식이 많은 건 아니지만 지식이 많으면 똑똑할 확률이 높다. 일단은 아는 게 많아야 현명한 판단을 할 수 있고 그래야 똑똑한 사람이다. 경험을 많이 했든지 책을 많이 읽었든지 똑똑한 누군가에게 배우고 그걸 자기 것으로 잘 흡수했든지 아무튼 똑똑한 사람들은 대체로 아는 게 많다.

힘센 사람은 남을 이길 만큼 완력이 세다. 단지 육체적 힘만을 얘기하는 건 아니다. 권력자도 힘이 센 사람이다. 자기주장을 남에게 관철할 수 있으니까. 그런 면에서는 육체적 힘이 센 사람과 마찬가지다. 다른 이를 압도하고 내 주장을 남에게 관철할 수 있는 능력이 바로 힘이다. 돈이 많은 사람도 힘이 세다. 이런 사람은 심지어 자기가 하기 싫은 일도 남에게 시킬 수 있다. 대가를 지불할 경제적 힘이 있기 때문이다.

강한 사람은 어떨까? 똑똑한 사람이나 힘센 사람들과는 차원이 좀 다르다. 강한 사람은 이기고도 져 줄 수 있고 자신이 옳더라도 고개를 숙일 수 있다. 똑똑하고 지식이 더 많은 이들에게 반론을 제기할 수 있고 힘센 사람이 내리는 지시도 부당하면 불이행할 수 있는 사람이다. 미숙한 사람이 잘해 보려다가 저지르는 실수를 못 본 척 넘어가 주고 비록 잘못을 저지르긴 했지만 반성하며 눈물 흘리는 사람을 위로할 줄 안다. 오른손으로는 옳고 그름을 따지고 지적하더라도 왼손으로는 마음을 위로하고 달래 준다고나 할까. 자신과 의견이 다르더라도 합리적이고 논리적이라면 기꺼이 귀를 기울이고 들어 준다.

그럼 교사는 어떤 사람인가? 강한 사람이다. 그리고 강해져야 한다. 똑똑하고 힘세고 강해야 한다. 교단에 선 교사에게는 다양한 종류의 도전이 온다. 교사 이전에 사람이기에 누구나 가지는 다양한 약점을 교사 역시 갖고 있다. 교실에는 다양한 학생들이 있고 이들은 대부분 특별한 의도 없이 말하고 행동하는데, 그 말과 행동에는 교사의 약점을 건드리고 자극하는 것들이 섞여 있다. 이때 교사는 큰 도전을 받는다. 여기서 교사라는 역할 대신 개인으로서의 나를 내세우면 자칫 학생을 어떤 식으로든 공격할 수 있다. 자신을 보호하기 위한 것인데 학생이 만약 민감한 사람이라면 이 공격을 바로 알아차린다. 실제로 그런

지는 모르겠지만 가끔 학생들이 내가 교사로서 말하고 행동하는 것인지 개인으로서 그러는 것인지 구분하는 것 같은 느낌이 들 때가 있다. 한 번씩 그런 느낌이 들 때면 정말 깊이 주의해야겠다는 생각이 들면서, 혹시 내가 교사였어야 할 때 개인처럼 굴었는지 돌아본다. 강하려면 유연해져야 한다. 순도만 높다고 되는 것도 아니고 꼭 필요한 불순물이 일부 섞여 있어야 한다. 그래, 마치 철 이외의 약간 다른 요소가 섞여 강한 쇠가 되듯이 스스로 단점이라고 여겼던 부분들도 내가 더 질기고 강해지기 위해서는 꼭 필요하겠구나.

이런 식의 구분에 동의하지도 않고 잘 쓰지도 않지만 통상 이렇게들 부르기 때문에 이해를 돕고자 그냥 사용하겠다. MZ세대에 대한 얘기가 뜨겁다. 20세기 말부터 언론으로부터 하도 욕을 먹은 이른바 X세대 입장에서는 별로 새롭지도 않다. 언론이 또 특정 세대가 실제로 있는 것처럼 만들어서 막 특성을 부여하고 마케팅 타깃으로 삼으려는 건가 정도로 생각한다.

MZ교사에 대해서도 이런저런 얘기들을 많이 한다. 주된 관심이 교육이 아니라 주식과 코인, 부동산 같은 재테크 분야라든가 학기 중 연가를 아무렇지도 않게 써서 금요일 오후에는 학교 주차장에 차가 하나도 없다든가 너무 자기밖에 몰라서 협력이 잘 안된다든가 자기 할 일만 딱 하고 규정에는 없지만 교육을 위해서 해야 하는 '조금 더'를 안 하려고 한다는 식으로 입방아를 찧는다. 이런 비슷한 비판은 X세대가 고스란히 겪었다. 그 시절 뉴스를 검색해 보면 내용이 별로 달라진 것도 없다. 다만 비판받던 X세대가 이제는 역으로 MZ세대를 비판하고 있다는 점만 달라졌다. 욕을 먹던 입장에서 욕을 하는 입장이 된 것이다. 정말 MZ 교사들이 교단에 들어오면서 이렇게 된 것일까?

교육은 아날로그로 서로 만나서 부대끼며 천천히 꾸준히 반복적으로 지치지 말고 사소하지만 중요한 일에 효율 생각하지 말고 공들여 정성껏 해야 한다. 반면에 행정은 서류로 하니 비대면 디지털로 효율성을 살려 최대한 힘 안 들이고 신속하게 적극적으로 해야 한다. 왜 갑자기 교육과 행정 얘기냐고? 교육이 지금처럼 된 책임이 어디에 있는지 따져 보려고 꺼내 봤다. 우리 교육의 비극은 이 둘을 완전히 반대로 한다는 데 있기 때문이다. MZ교사 때문이 아니라는 말이다. MZ세대가 어디 하늘에서 뚝 떨어졌나? 가정과 학교에서 X세대가 가르친 대로 잘하고 있는데? 맞다. 기성세대가 그렇게 가르쳤다. 정당하게 자기 권리 주장하고 논리적으로 따지라고. 무턱대고 참거나 굴욕적으로 순응하지 말고 할 말은 당당하게 하라고. 그렇게 교육과정 만들어서 운영한 지가 내 기억으로만 20년인데….

이런 교육을 잘 받았기에 논리적이고 합리적으로 교직을 바라보니 합리적인 사고방식으로는 도저히 이해되지 않는 불합리한 면이 많아서 이런 대응이 나오는 거다. 그렇다면 함께 머리를 맞대고 앉아 의견을 들어 보고 받아들일 건 빨리 확실하게 받아들여서 점점 변화 발전할 궁리를 해야 하는데 새로운 관점으로 해묵은 문제를 개선할 기회를 내팽개치고 거꾸로 비판하고 있다. 물론 젊고 새롭다는 것만으로는 발전할 수 없다. 기성세대라고 다 바보라든가 나쁜 사람들인 건 아니니까. 함께 협력해야 하는 건 맞는데 새 술을 새 부대에 담을 생각이라면 새로운 사람들이 말하는, 기존의 우리는 익숙해서 잘 알아차리지 못하는 문제에 대한 지적에 귀를 기울이고 과감히 수용할 줄도 알아야 한다는 거다.

유능하게 잘 가르쳐 놓고 정작 그 사람들이 이제는 당당한 동료 교사가 됐는데 왜 그들의 의견을 안 받아들이려 하는지 모르겠다. 그런 지적을 받으면 귀하게 여겨야지. 우리 눈에는 잘 안 보이던 거라서, 또는 문제인 줄 알지만 너무 나서는 것 같아 부담스러워서 그냥 입 다물고 미루고 있던 거니까.

조금만 더 일하면 30호봉이다. 사실 호봉 산정하면 자투리로 7개월 29일이 남는다. 매년 쌓이다 보니 손해가 막심하다. 제대로 산정이 됐다면 2학기 때 한 호봉이 더 오를 텐데. 하루라도 빨리 기간제교사도 호봉 중간 산정이 이루어지면 좋겠다. 경력이 왜 이렇게 지저분해졌을까? 예전에 학교 측의 꺾기 계약을 당했기 때문이다. 사실 '당했다'는 건 내 호봉을 볼 때마다 성질이 나서 그냥 하는 말이다. 학교가 애초에 꺾으려는 의지를 가지고 그렇게 한 건 아닌 거 같다. 설마 아니겠지. 그냥 자기들 입장에서 규정대로 처리하다 보니 그렇게 된 거겠지. 기간제교사에게 일 년에서 하루 모자란 계약이 교단을 떠날 때까지 얼마나 큰 금전적인 손해를 줄 수 있는지까지는 깊이 생각하지 않아서 이렇게 된 거다. 이를테면, 그건 당신 사정이고 우린 규정대로 했다는 식으로. 최근 많은 분들의 노력으로 3월 2일이나 3일부터 계약을 하더라도 퇴직 시 퇴직금 지급하고 호봉도 인정받을 수 있게 됐지만 소급 적용은 안 되는 것인지 3월 3일자로 계약이 이루어지고 방학 때 잘렸다가 다시 계약하고 9월 1일자로 계약하겠다고 8월 말 기간은, 이미 학기도 시작했고 나는 담임이었는데도, 시간강사로 계약하는 꼼수를 당시 학교가 흔히 부렸다. 그때는 어리고 경험도 없고 무엇보다 이런 내용으로 상의할 사람이 주변에 없어서 혼자 생각하기에 행정상 어쩔 수 없는 사정이 있나 보다 하고 넘어갔다. 가르치는 일이 중요하고 그 외에 나머지는 양해할 수 있는 건 그냥 넘어가자는 생각에서였다. 좋게 말해서 순수하고 나쁘게 말해서 바보 같았다.

그러다 보니 호봉이 누더기처럼 돼 버렸다. 꼬리처럼 7개월 29일 자투리 경력을 가지고 18년을 일했다. 스스로 잘 다독이다가도 어쩌다 한 번씩 욱하고 치밀어 오를 때가 있다. 내가 뭘 잘못한 건가. 학생 가르치는 학교 행정에 꺾기 계약이 있고 그게 어쩔 수 없는 일이 아니었다는 걸 막 사회생활 시작한 내가 어떻게 알았겠나. 아버지께서 살아 계셨으면 바로 알아차리고 어떻게든 했을 텐데….

그런데 나보다 더 누덕누덕한 경력을 가지고 있는 기간제 교사가 정말 흔하다. 3월에 정산하면 11개월 며칠이 남는 분도 계시니 그에 비하면 나는 아무것도 아니겠지. 그럼 아무리 계약 중간이라도 호봉이 승급할 때 중간 정산을 해 줘서 이런 부당함을 보정해야 하는데 행정은 원론만 내세울 뿐 요지부동이다. 계약서 작성 시 호봉을 확정했으니 계약 기간 중에는 호봉 재산정을 하지 않는다는 입장이다. 행정이 무엇을 위해 있는지 참으로 궁금하다. 행정이 사람을 위해 일해야지 사람이 행정에 몸을 구겨 넣어서야 되겠나. 명색이 교육행정인데 사람은 보이지 않고 규정과 숫자만 보이나 보다.

.

어쩌다 보니 경력이 19년 차가 넘었다. 그동안 교직에서 많은 사람을 만났고 동료 교사로 만났다가 관리자가 되거나 전문직으로 가신 분들도 많아졌다. 이제는 기간제교사 입장만이 아니라 정규 교사를 비롯하여 관리자, 전문직 입장도 알게 되니 학교를 좀 다른 관점으로 보게 된다. 관점 중에서 가장 달라진 점은 '기간제교사가 교직 안에서 을이기만 한가?'이다.

기간제교사에게 기피 업무인 담임을 떠맡기고 어려운 일을 몰아준다며 비판하는 사람들이 많다. 기간제교사가 계약 조건상 불리한 것은 사실이나 최근 휴직 대체 기간제만이 아니라 교육부에서 정교사 티오를 주지 않아 정티오 자리에 정원 내 기간제로 들어오는 경우와 티오에는 없지만 교육과정 운영상 꼭 필요하여 뽑는 정원 외 기간제가 늘면서 구직난이 점차 구인난으로 바뀌어 가고 있다. 이에 학교가 어렵게 구한 기간제교사가 새 학년 개학 직전 갑

작스럽게 계약 파기를 그것도 문자로 일방적으로 통보하는 바람에 학교와 학생이 피해를 입는 경우도 점차 늘고 있다.

중등만 얘기하자면 이런 일은 특히 2월 말과 3월 초에 두드러진다. 심한 경우는 3월 1일에 이런 일이 생기기도 한다. 학교 상황을 잘 모르는 사람이 볼 때는 학교에서 기간제교사를 채용하니 학교(장)에 비해 기간제교사가 약자로 보일 테지만 업무 분장을 마치고 업무 인수인계까지 끝난 2월 말에 계약과 신원 조회 등의 각종 채용 과정이 완료된 기간제교사가 문자 한 통으로 계약을 파기하면 학교가 수업 결손 없이 새 학기를 맞이하는 게 사실상 불가능하다. 이른바 상도덕을 떠나서 교사라면 학생에게 피해를 주면서까지 이런 일을 감행하는 것이 옳은지 최소한의 감각은 있어야 하지 않나 하는 생각이 들어 같은 기간제교사라도 이런 건 참 아쉽다.

시간적 여유가 충분하다면 다른 선생님을 모실 수 있다. 이런 일이 생길 때를 대비해서 기간제교사 채용 시 3순위까지 뽑는 경우가 대부분이다. 그러나 2월 25일이 넘으면 이미 채용이 끝날 시기라서 기간제교사를 할 사람이 별로 없다. 그리고 이때부터는 기간제교사가 조건에 맞는 학교를 고른다. 담임을 맡는지, 행정 업무는 어떤 걸 받게 되는지를 하나하나 따져 가며 학교를 압박하는 경우도 있다. 구직자가 조건을 따져 가며 직장을 선택하는 게 나쁘다는 말이 아니다. 근무 조건이야 당연히 조율할 수 있는 거지만 '안 해 봤어요, 못해요'를 남발하며 너무 무리한 요구를 하는 경우도 있다. 학교는 정말로 급하니까 다른 교사에게 양해를 구해서 업무를 급히 조정한다. 대개 3월이 지난 경우가 많은데 이때는 기간제교사도 퇴직금을 받을 수 있는 1년 근무가 물 건너간 상황이라 일이라도 좀 덜 힘들게 해 보자는 심정일 테니 어찌 보면 그 입장도 이해가 되지만 지나치면 본인에게도 별로 득이 되지 않는다.

단어에는 고정된 사전적 의미가 있고 글의 맥락 안에서 해석되어 고정되지 않는 맥락적 의미가 있다. 어떤 사람이든 상황에 따라 상대적인 입장에 선다. 을로서 약자인 기간제교사가 갑으로서 강자인 학교에 한 방 먹이는 거 같다며 통쾌해 하는 분도 계셨지만 학교 교육과정에 문제가 생기는 건 단순히 고용인을 곤란하게 한다는 차원을 넘어서 학생에게 피해를 주는 일이고 함께 일할 동료 간에도 어려운 얘기가 되기 쉽다. 특히 학생 교육에 지장을 주는 것은 어떤 계약 조건으로 일하든지 '교사'라면 최대한 하지 말아야 한다.

상도덕에도 어긋나고 교사로서도 문제인 이런 돌발 행동의 피해는 결국 자신과 다른 기간제교사에게 부메랑이 되어 돌아온다. 기간제교사에게 이런 식으로 몇 번 당하고 나면 학교 입장에서도 기간제교사를 미리 채용하기 꺼린다. 기간제교사 입장에서는 1월이나 늦어도 2월 초에 학교와 계약을 하고 담당하게 될 학년을 알아야 수업과 학급운영을 준비할 수 있고 업무 인수인계를 받아 파악할 수 있는데 2월 말에 계약 파기하는 교사가 늘어나고 이게 일반적인 일이 된다면 학교 입장에서는 어떨까? 개학 직전에 뽑아서 학교를 쉽게 옮기지 못하도록 하려고 하지 않을까? 지역 교장단 협의회에서 암묵적으로 합의하면 가능한 일이다. 그럼 기간제교사 입장에서는 1월과 2월을 초조하게 지내야 함은 물론 선택지도 좁아진다.

이 글을 불편하게 여기는 기간제교사가 많을 것이다. 이의를 제기하거나 질책하실 수도 있다. 나는 학교가 기간제교사에게 저지르는 크고 작은 다양한 유형의 갑질과 횡포를 잘 알고 있다. 당연히 규탄하고 개선되어야 할 문제라고 생각한다. 내가 몸소 19년 동안 겪은 당사자니까. 민원을 넣고 교원 단체를 통해서 개선될 부분을 알리고 제안해야 할 것이다.

이 문제는 사실 업무 분장의 형평성과도 연결되어 있다. 기간제교사라서 맡으면 안 되는 일이나 맡을 수 없는 일이 따로 있다고 생각하지는 않지만 누가 봐도 힘든 일만 골라서 기간제교사에게 몰아주는 경우도 있다. 상황이 이러면 기간제만이 아니라 정교사도 휴직을 고려하고 실제 그렇게 하기도 한다. 그래서 이런 이유 때문이라면 계약을 일방적으로 깼다고 해도 기간제교사만 탓할 수는 없다. 하지만 최소한 학생 수업에 지장을 주는 선택은 되도록 하지 않아야겠다. 정교사든 기간제교사든 우리는 교사니까.

요즘 '조용한 퇴사'라는 말이 유행이다. 적극적으로 업무를 수행하기보다는 업무 시간 동안 해야 할 만큼만 일하고 그렇게 아낀 열정과 시간을 이직을 위한 자기 계발이나 정보수집에 사용하는 사람들의 행동을 일컫는다. 아낀 시간과 열정은 재테크 공부에 사용하기도 하고 일반 회사원 중에서는 투잡, 쓰리잡, 주말잡을 뛰는 데 사용하기도 한다. 출퇴근 시간을 정확하게 지키고 주어지는 업무를 모두 수행하니 이를 불법이라고 할 수는 없다. 하지만 조용한 퇴사자가 늘어나는 조직은 활력이 떨어지고 필수적인 업무만 돌아가는 소극적이고 수동적인 조직이 된다. 조용한 퇴사자를 다른 말로는 '마음속으로 이미 사표를 쓴 사람'이라고도 한다. 대체로 조직에서 비전을 발견하지 못하는 경우 이런 사람이 많아진다. 조직을 위해 열심히 노력해 봤자 시간이 지나면 다른 인력으로 대체될 거니까 그전에 스스로 자기 살 길을 찾겠다는 것이다. 어차피 조직도 나를 소모품으로 생각하여 이용하고 버릴 테니 버려지기 전에 먼저 조직을 버리겠다는 것이다. 각자도생이 한 단계 발전한 형태랄까? 아무튼 심리적으로는 이미 퇴사자와 같은 이 조용한 퇴사자 현상이 팬데믹을 거치며 전 세계적으로 더욱 늘었다고 한다.

우리 교직을 둘러본다. 초등 교사를 양성하는 교육대학의 경우 소수를 제외하고는 입학 경쟁률이 3 : 1 미만으로 떨어졌다. 복수 지원할 수 있는 현 대입 제도를 고려해 보면 사실상 미달이라고 할 수 있다. 또한 그렇게 입학해도 중도에 이탈하는 자퇴생 수가 아직 많은 수는 아니지만 늘어나는 정도가 가파르다고 한다. 최근에는 그 수가 더 많이 늘었다. 인터넷 포털에서 검색해 보면 관련 기사를 쉽게 찾을 수 있다. 이뿐만이 아니다. 20~30대 신규 교사들 중에서 의원면직하는 교사들도 늘고 있다. 거기에 명예퇴직을 신청하는 교사들이 많아서 신청자를 전부 받아 주지 못하기도 한다. 이제는 정년퇴직하시는 선배님들을 보기가 쉽지 않다. 그럼 남아 있는 선생님 중에서 혹시 조용한 퇴사자는 없는 걸까? 한때는 학생들이 선호하는 직업 1위였고 최고의 결혼 상대로 교사가 꼽히곤 했는데 언제부터 이렇게 된 걸까? 몇몇 지역에서는 학교급에 따라 임용시험도 미달이 나기 시작했다. 현직에 계신 선생님들이 임용시험을 다시 보는 경우도 늘고 있다. 교단이 흔들리고 있다는 증거는 한두 가지가 아니다.

팬데믹을 거치며 조용한 퇴사자도 늘어났지만 실제로 퇴사하는 사람들도 크게 늘었다. 미국에서는 이를 두고 '대퇴사 시대 the Great Resignation'라는 신조어도 나왔다. 이유야 여러 가지겠지만 우리 교단만 놓고 본다면 조직이 비전을 보여 주지 못하기 때문은 아닐까. 각자 살길을 찾아야 하니 문제가 되지 않는 선에서 최소한으로 일하면서 열정과 시간을 자기 계발이나 재테크에 쓰는 것이다. 그리고 너무 열심히 학생을 지도하다가 자칫하면 아동학대범으로 몰릴 수 있다는 현실적인 문제도 있다. 최근 아동학대범으로 몰려 스스로 극단적인 선택을 하신 선생님의 이야기가 다큐멘터리로 방송되어 선생님들을 큰 충격에 빠뜨린 사건이 있었다. 선생님의 지도에 학생이 기분이 나쁘다며 '정서적 학대'로 신고하면 일단 분리부터 시키는 제도의 맹점을 이용하는 사례가 있었다. 이런 일들이 실제로 조금씩 늘어나는 추세다. 진짜 문제는 이런 일이 일어났을 때 교사나 학교가 마땅히 대응할 방법이 없다는 것이다. 운이 좋아서 아직 나한테 일어나지 않았지만 언제든 일어날 수 있고 일어나면 해결할 방법이 없다며 불안해 하는 교사가 늘어나고 있다. 열심히 교육할수록 그런 일을 겪을 위험이 크다는 것이 교사들을 참으로 두렵고 힘들게 한다. 어찌 보면 교사라는 직업이 학생의 기분에 달려 있는 것이나 마찬가지다. 그러니 시키는 일, 해야 할 최소한의 업무만 처리하고 아무도 모르게 조용한 퇴사자로 살아가는 것이다. 무능하고 태만하다는 도덕적 비난을 받는 게 아동학대범으로 몰려서 법률적 책임을 지고 해임되는 것보다 낫다고 여기기 때문이다.

교육을 '백년지대계'라고는 하지만 그건 그만큼 중요하다는 비유적인 표현일 테니 입시제도나 교육과정이 수시로 바뀌는 것을 탓할 수는 없다. 시대 변화가 빠르면 그에 대응하는 제도의 변화도 빠를 수 있다. 아무리 경력이 쌓여도 행정 업무에 적응할 수 없을 정도로 변화가 빠른 교육계의 특성상 업무량이 많은 것이라고는 하지만 그래도 어찌어찌 다 적응하면서 살아왔다. 그런 것보다 더 중요한 것은 내가 아무리 절차에 맞게 일을 처리하더라도 문제가 생겼을 때 조직이 나를 보호해 주지 않는다는 것, 그리고 아무리 열심히 일하더라도 조직이 비전을 제시하지 못한다는 것이다. 더 오래, 더 많이 내더라도 교원 연금의 소득대체율이 국민연금보다 떨어진다는 것도 명예퇴직을 부추긴다. 그리고 학생 수 감소로 인해 신규 교원을 정규 교원 대신 기간제교원으로 대체하고 있는 것도 교단을 흔드는 원인 중 하나다.

우리나라는 부족한 자원에도 불구하고 높은 교육열과 세계적 수준의 인재 역량으로 전후의 폐허를 딛고 일어나 경제대국 중 하나가 되었다. 너무나도 유명한 이야기다. 우리가 가진 건 사람 즉 인재밖에 없다는 말도 한다. 개발도상국에서 선진국으로 진입하였으며 무엇보다 민주화와 산업화를 동시에 이룩한 유일한 나라이기도 하다. 이를 가능하게 한 바탕에 교육이 있다. 시민의 높은 교육열과 이에 부응한 헌신적이고 열정이 가득하며 세계 최고 수준의 인재들이 공교육에 투신하여 오늘의 이 성과를 이루는 인재를 길러 냈기에 오늘의 우리가 있을 수 있었다. 예전의 교육을 무조건 미화할 생각은 아니지만 교육이 바탕이 되어 오늘날의 발전된 대한민국이 있다는 건 사실이다.

의학과 교육, 제조업, 첨단산업 등 우리가 세계에 자랑할 만한 최고 수준의 분야들이 있다. 그중에서 교육이 나머지 분야를 지탱하는 바탕이 되어야 하는데 오히려 교육은 서서히 기울고 있는 것만 같다. 물론 열정이 넘치는 많은 교사들이 오늘도 학교에서 최선을 다하고 있다. 교육계가 일종의 주기를 가지고 움직이는 것 같다고 진단하시는 분들도 있다. 최근에는 각광을 받았으니 잠깐 잠잠해졌다가 다시 그렇게 될 거라고 여기는 것이다. 하지만 줄어드는 학령인구를 생각하면 과연 그렇게 될까 의구심도 든다.

주변에 계신 선생님들을 많이 응원하는 문화가 생겼으면 좋겠다. 존경까지는 바라지 않지만 다른 모든 직업 종사자가 그렇듯이 교사도 사회공동체를 위해 헌신하고 있다는 걸 알아줬으면 좋겠다.

보통의 학부모님들과는 한 학년이 다 끝나도록 면담할 기회가 드물다. 관심 있는 학부모님들은 학부모 상담 주간에 찾아오시기도 하고 대체로 한 학기에 한 번 정도는 전화 상담을 하는데 보통 아이가 가정에서 어떻게 지내는지, 담임에게 특별히 하실 말씀이 있는지 위주로 이야기한다. 그런 상황에서 가정통신문은 학교생활을 가정에 전달하는 소통의 도구다. 당부의 말씀을 담기도 하는데 나는 주로 교사의 교육철학을 전달하기 위해 사용했다. 일종의 편지인 셈이다. 이를 테면 이런 식이다.

안녕하세요. 씩씩한 어린이처럼 달려온 봄을 맞아 학교 소식을 전하기 위해 편지를 씁니다.
겨울이 지났는지 꽃눈이 맺혔습니다. 생각해 보니 꽃눈은 한겨울에 맺힙니다. 추위는 생명에게 시련을 주면서도 성장시키는 것 같습니다. 더 단단하고 흥성해지기 위해 잠시 한숨 돌리며 준비하는 시기라고나 할까요?

3월 첫째 주 고등학교 생활에 적응하는 걸 돕기 위해서 늦은 시간까지 학생들이 자율학습을 합니다. 일단은 적응 기간이라 특별한 사유가 있는 경우를 제외하고는 전부 참여하고 있습니다. 중학교 때까지는 학교에서 밤 10시까지 공부해 본 경험이 없는 1학년 학생들이기 때문에 아직 나흘밖에 안 됐지만 힘들어서 못하겠다는 소리가 조금씩 나옵니다. 고등학교에 있다가 두 해를 중학교에 있었더니 저역시 머리가 어질어질합니다. 학생이나 저나 적응할 시간이 필요하겠다는 생각이 듭니다. 적응이 뭐 별거 있나요. 일단 무식하게 견딥니다. 그래도 경험 있는 저도 이렇게 힘든데 학생들은 태어나서 처음 해 보는 일이니 쉬울 리 없습니다.

특히 이때까지 학습 결손이 크거나 공부하는 습관이 잡혀 있지 않은 학생일수록 의자에 앉아 있는 것 자체를 못 견뎌 합니다. 공부 체력이 약하니 쉽게 지치고 집중력도 흐트러지기 일쑤입니다. 수업 시간에도 모르는 소리를 하루 종일 듣고 있어야 하는데 정규 일과가 끝나도 집에 가서 쉬지 못하고 학교에 남아 재미없는 공부를 해야 하니 얼마나 좀이 쑤실까 싶어 안타깝습니다. 교실에만 앉혀 놓으면 촉촉한 눈빛으로 창밖의 본향을 그리워하는 야성의 영혼이구나 싶기도 한데 자신이 살아온 습관에 따라 이리저리 휘둘리고 있는 것 같기도 하여, 안타깝지만 그들의 애원을 순순히 들어줄 수가 없습니다. 누구에게나 처음은 있는 법이고 대체로 참고 견디면서 습관에서 벗어나 자신의 한계를 돌파하기 때문입니다. 그리고 일주일 간 적응 기간이 끝나면 개별 신청을 받아 원하는 대로 시간을 쓸 수 있도록 해 준다니 저도 흔들리는 마음을 다잡고 학생들에게 짐짓 엄한 표정을 지어 보입니다. 같은 학년에서 어떤 일을 할 때는 일관성이 중요하니 더 그렇습니다. 그래서 학생들도 일단은 받아들인 것인데 그냥 잠을 자는 학생도 있습니다. 그러면 깨워서 개인 상담을 하며 학생도 저도 시간을 요긴하게 사용합니다.

한겨울에 꽃눈이 맺힙니다. 우리는 고난과 실패에서 배우는 게 아니라 이를 성찰하면서 배우고 성장합니다. 적응 기간이 끝나고 나면 학생들과 함께 무엇을 깨닫고 배워야 하는지 얘기를 나눠 봐야겠습니다. 그냥 싫었다는 녀석들도 많겠지만 그래도 바라기로는 마음을 다스리고 습관에서 벗어나는 연습이 되었으면 좋겠습니다. 어떤 계기가 필요한 학생들이 많이 보입니다.

겨울이 지나면 꽃눈에서 꽃이 필 것입니다. 그때까지 추위와 눈비를 맞으며 견딥니다.
봄이 오면 활짝 피어날 우리는 이미 꽃입니다.

'학교에서 학생 복장을 규정하는 게 옳은가? 규칙이니까 무조건 따라야 한다는 논리가 타당한가?'를 주제로 학생 하나가 교무실에서 30분째 자신의 주장을 굽히지 않는데 교사 둘이 돌아가며 학생을 설득 중이다. 그런데 학생이 생각보다 논리적으로 끈기 있게 자기 의견을 주장하여 선생님들이 쉽게 설득하지 못하고 얘기가 길어진다.

내 생각으로는 학생이 이 정도로 자기 논리를 가지고 끈기 있게 주장을 펼친다면 훨씬 더 상위 논리를 가져와 확실하게 설득하거나 그러기 힘들 때는 왜 그렇게 생각하는지, 어떤 심정인지, 논리의 어떤 부분이 타당하고 학교가 갖는 현실적인 한계가 무엇인지 즉, 학생의 심정을 읽어 준 다음 학교 입장에서 학생이 수용해 주기를 바라는 점이 무엇인지를 분명하고 진솔하게 밝히고 대화하는 게 전략적으로 더 좋을 것 같다.

아무튼 교사 두 분과 학생 모두 언성을 높이지 않고 대화 중인데 이것만으로도 솔직히 대단하다고 느껴진다. 시간이 지날수록 학생 목소리가 떨리는 게 상당히 감정이 올라오는 것 같지만 그에 비하면 목소리 톤은 안정적이다. 선생님들도 포기하지 않고 계속 설득 중인데 마음은 어떠실지 모르겠다. 마침내 이야기가 끝나고 학생은 그래도 자기주장을 충분히 펼쳤다고 생각했는지 일단 선생님들의 주장을 수용했다. 의문이 완전히 해소된 것 같지는 않지만 어느 정도는 이해한 것 같다. 꽤 오래 선생님들과 논쟁했는데 예의 바르게 인사를 하고 나가는 모습이 인상적이다. 선생님들도 학생을 격려해 준다.

아직도 학교에서 선생님이 학생 의견을 묵살하고 일방적으로 지시하리라 생각하시는 분들이 많은 것 같다. 인터넷에 올라오는 얘기가 물론 학교를 바라보는 사람들의 의견을 대표하는 건 아니겠지만 본인들이 학교 다닐 때 겪었던 얘기나 개인적으로 경험한 사례를 일반화하여 아직도 학교는 이렇다! 선생님들은 저렇다! 며 올리는 글을 종종 본다. 학생 인권이 도입된 시기에 학생이었던 분들이 교단에 들어오고 계시다. 나도 교사의 대표가 아니니 단정적으로 이제 그런 학교는 전국 어디에도 없다 자신 있게 말할 수는 없지만 적어도 기간제교사이자 수업지원교사로서 정말 많은 학교를 다녀 본 결과 자신 있게 말할 수 있는 건 이제 학교에서 학생이든 교사든 인권은 상식에 속한다는 것이다.

지금은 학생이 교무실에 들어오는 걸 무서워하던 시절이 아니다. 선생님이 교무실로 부르면 덜덜 떨면서 걱정하던 그런 시절이 아니다. 학생과 교사가 서로 예의를 지키며 자기 의견을 끝까지 펼치고 끝나면 서로 인사할 정도가 됐다. 대한민국 학교에 다니는 학생과 교사의 수준이 결코 낮지 않다.

치열하게, 하지만 예의 바르게 할 말은 하고 들을 말은 듣는다. 정당한 권위를 인정하고 합리적인 규칙은 받아들인다. 그렇게 가르치고 있다.

어느 해엔가 정말 힘들게 근무한 해가 있다. 연도를 정확하게 쓰기는 어렵다. 기간제교사라서 학교를 매년 옮겼기 때문에 정확한 연도를 쓰면 학교가 특정되고 그러면 그 학교에 괜한 어려움이 생길 수 있기 때문이다. 근무했던 학교를 욕보일 수는 없어서 약간 재구성했다. 솔직히 말하자면 있는 그대로를 차마 다 쓸 수가 없어서 많이 순화했다. 한참 지났으니 이제 다들 나이가 적지 않은 청년일 것이다. 어디에서든 건강한 시민으로 잘 지내고 있기를 바란다.

점심시간 끝나고 5교시에 교실로 들어가서 수업을 시작하려고 불을 켠 다음 엎드려 있는 학생을 깨우다가 'ㅅㅂ ㅅㄲ'라는 욕을 먹었다. 허억! 아무래도 깨우면 벌떡 일어나서 달려들 것 같다. 그래, 엄청나게 피곤한가 보다. 그냥 수업을 하자 마음 먹고 교탁으로 갔다.

또 한 명은 수업 시작하자마자 물을 마시고 오겠다는 걸 내가 마시려고 가져온 생수를 주고 못 가게 했더니 다리를 쫙 벌리고 앉아 의자를 젖히고 한 십여 분 정도를 앞뒤로 흔들흔들하다가 한쪽 다리를 덜덜덜덜 떨면서 바닥에 침을 퉤! 뱉는다. 왜 교실 바닥에 침을 뱉냐고 지적하니 안 뱉었다, 증거 있냐며 되려 큰 소리로 화를 냈다. 내 몸에 영상과 음성이 다 녹음되는 액션캠이 달려 있지 않은 이상 증거는 없다. 답을 못하고 머뭇거리는 사이에 주변에서 낄낄대고 난리가 났다. 계속 이 상태로 가다가는 한두 명이지만 그래도 책을 펴고 수업을 기다리는 학생들이 피해를 볼 것 같아 침은 화장실 가서 뱉고 오라니까 화장실 가겠다고 또 큰 소리로 얘길 한다. 사실 화장실이라는 순화어를 쓰지 않았다. 그냥 노골적으로 얘길 했지. 현재 시간을 얘기하면서 가는 시간과 오는 시간을 확인하겠다니 알았다며 나간다. 아마 수업 끝날 때까지 안 들어올 거 같았지만 그 이상은 나도 어떻게 할 수 없었다. 수업 중에 교사는 특별한 일이 아니면 학생들만 남겨 두고 교실을 떠날 수 없고 이 학생이 화장실을 갔다 오는 걸 확인해 달라고 따로 부탁할 교사도 없다. 할 수 있는 건 기록하는 것뿐이다.

다른 학생 하나가 큰 소리로 옆 사람을 부르고 내 설명과 안내 한 문장 한 문장마다 큰 소리로 네! 네! 네! 네! 대답을 한다. 수업을 끊고 아무 관계없는 얘기를 해서 잠시 들어 주다가 "얘기해 줘서 고맙다." 하고는 다시 수업을 이어 갔다. 한참 빈정거리다가 자기 윗옷을 올려 배를 문지르면서 이상한 신음 소리를 내는 아이. 이걸 듣고 주변 학생들이 폭소한 후 계속 낄낄거리더니 몇몇은 이내 엎드려 코를 골며 잔다. 학생 중 누군가가 엎드린 채 나를 보며 들릴 듯 말 듯한 크기로 'ㅂㅅㅅㄲㅇ~'라고 말하는 소리가 들린다.

이때의 수업 내용은 '언어와 사회'였다. 지역 방언과 사회 방언을 설명했는데 내용은 다음과 같다.

"언어는 사용자의 계층, 연령, 성별 등을 반영한다. 우리는 다 귀하게 태어나지만 어떤 언어와 행동을 사용하느냐에 따라 귀하거나 천하게 산다. 중요한 건 우리가 선택할 수 있다는 것이다. 마음도 마찬가지다. 감정에 이름 붙이기를 하여 즐겁고 행복하기를 선택할 수도 있고 우울과 짜증을 선택할 수도 있다. 언어에는 힘이 있다."

3월, 이제 시작이겠지? 마음을 지켜야 한다. 지식을 전달하기보다 그냥 같이 무사히 한 해 보낼 수 있기를 바랄 뿐이다.

악성 민원인에 대한 기준을 세워야 한다. 이런 사람이 딱 한 명만 나타나도 학교에 미치는 해악은 이루 다 헤아릴 수 없다. 교사의 교육활동은 공무인데 이를 심각하게 방해하면 공무집행방해 아닌가?

교사를 어마어마하게 대우해 달라는 말이 아니다. 교사가 이런 식으로 교육과 무관하게 소진되면 결국 대다수 학생들의 학습권이 침해되는 결과로 이어지니까 그러지 않도록 막아야 한다는 거다. 다른 걸 다 떠나서 적극 행정을 펼쳐야 할 교육행정 당국에서 이 문제에 좀 더 전향적인 태도를 보여야 하지 않을까? 지금은 실효성 있는 어떤 해결책도 제시하지 않은 채 그냥 교사 개인에게 알아서 하라는 거 같다. 교육공무원이 맡은 바 임무에 최선을 다할 수 있도록 상급 기관에서 잘 관리해 줘야 한다. 업무 담당자가 민원인을 직접 상대하는 기관이 학교 외에 또 있는지 의문이다.

몇몇 교육청에서 민원인을 전담하는 콜센터를 마련하고 있다는 소식이 들려온다. 정말 마땅하고도 옳은 일이다. 그런데 민원을 전화로만 넣는 건 아니다. 민원인이 학교로 직접 찾아오기도 한다. 교무실이나 교실로 오기도 하고 '제일 높은 사람'한테 직접 따지러 곧장 교장실로 들이닥치기도 한다. 가끔 신문이나 방송에 보도되는 사례를 보면 이게 당연한 건지 특이한 건지 감이 잘 오지 않을 정도다. 교육의 특수성 때문에 민원인이 교사에게 직접 연락하는 걸 막을 뾰족한 방법이 없는 것도 사실이다. 그래도 학교 안팎에서 대책을 치열하게 고민해 주면 좋겠다.

축구 팬과 훌리건은 다르다. 민원은 시민의 권리지만 악성 민원인이 정당한 권리 행사를 넘어서 행정 업무를 아예 마비시키는 정도라면 간과해서는 안 된다. 교사를 악성 민원인으로부터 보호하는 것은 학생 학습권과 직결되는 문제이기 때문이다.

정규 교사가 비정규 교사(기간제교사 등)에게 갑질한다는 주장이 계속 보인다. 교사 아닌 사람이 이런 기사를 보면 교사 사회에 갑질 문제가 심각하다거나 서로 편을 갈라 싸운다고 생각할 수도 있겠다. 실제 그런가? 내가 정규 교사였으면 겪지 않았을 일이 있다. 제도가 불합리해서 고쳐야 하는 문제도 있다. 정규 교사에게 당한 억울한 일도 있다. 하지만 이게 제도의 문제인가? 아니면 개인의 문제인가? 그러니까 정규 교사가 비정규 교사에게 갑질을 하는 것이 구조적인 문제인가 하는 거다.

보통은 갑질한 사람 개인의 문제인 경우가 더 많다. 또는 학교가 세대별 균형 잡기에 실패해서 소수의 젊은 교사에게 너무 많은 업무를 떠넘기는 경우도 있다. 때로는 남자라서, 미혼이라서 겪은 일도 있었지만 무엇보다 정규든 기간제든 아무튼 교사에게 교육 이외에 맡겨진 업무가 너무 많다. 책임과 의무는 무한대에 가까운데 권한이 없어서 겪은 일도 있다. 교육의 특수성 때문에 어쩔 수 없다고는 하지만 민원인, 특히 악성 민원인을 직접 상대해야 하는 이상한 시스템도 문제다.

교사라서 겪는 어려움에 비하면 기간제교사라서 정규 교사에게 겪는 부당한 처우는 일종의 헤프닝에 가까울 정도다. 또한 굳이 기간제교사라서 겪는 어려움을 말하자면 법원에서 고치라고 판결까지 했는데 교육부가 불복하고 항소하여 보는 피해가 더 마음 아프다. 그전에도 그랬다. 동일노동동일임금인데 2012년인가 기간제교사들이 소송에서 이길 때까지 성과급을 안 줬다. 헌법소원을 냈나 그랬는데 이후 지급하고 있지만 기간제교사와 정규 교사의 산정 기준이 다르다. 기간제교사가 S등급을 받아도 정교교사 B등급보다 백만 원 정도 적다. 기준 호봉을 다르게 잡아 놔서 그렇다. 하지만 이게 정규 교사의 잘못인가? 행정기관의 갑질이고 그들이 해결해야 할 문제다. 정규 교사는 그냥 함께 울고 웃는 동료인 경우가 대부분이다.

정치인과 언론은 가뜩이나 힘든 상황에서 어떻게든 교육다운 교육을 해 보려고 애쓰는 교사들이 정규직과 비정규직으로 나뉘어서 서로 반목하고 갈등하는 집단인 것처럼 왜곡하지 말았으면 좋겠다. 3월이라 바빠 죽겠는데 이상한 기사가 계속 나온다. 편들어 주려는 건 고마운데 이런식의 편 가르기는 기간제교사한테 도움은커녕 방해만 된다. 이는 비정규직 편들기가 아니라 교사 혐오의 다른 양상이다.

교사 업무를 간소화시켜서 제발 본업인 교육활동에 전념할 수 있게 도와주었으면 좋겠다. 지금의 업무량을 그대로 두고서는 정규 교사니 기간제교사니 하며 누가 갑질하니 뭘 도와주니 하는 얘기가 대체 무슨 의미가 있나. 악성 민원인으로부터 교사를 어떻게 보호할지 대책을 마련해 주면 좋겠다. 좋은 교육 해 보겠다고 함께 머리 맞대고 고민하고 실천하며 애쓰는 교사들을 좀 도와주었으면. 더 이상 교사끼리 이상한 싸움 좀 붙이지 말자.

경제적으로 부유하거나 부모님의 지식 수준이 높아야 아이가 잘 자라는 게 아니다. 뚜렷한 목표나 꿈이 없다는 아이와 대화를 한 적이 있다. 그 친구가 이렇게 말했다.

"저는 아무것도 부족한 게 없어서 뭔가 해야겠다는 동기가 생기질 않아요. 필요한 건 뭐든 부모님이 마련해 주셨거든요. 그래서 특별하게 아쉬운 것도 필요한 것도 없고요, 되고 싶은 게 아직 없어요."

결핍이 없어 보이는 이 학생에게 결핍된 것은 무엇인가. 결핍을 부정적으로 보기 쉽지만 사실 이게 없으면 뭔가 해 보려는 동기가 생기지 않는다. 관리되지 않는 결핍이 중독으로 이어지기도 하는데 이 아이처럼 아쉬운 게 없어서 하고 싶은 게 없는 경우에는 흥미와 동기가 없어지는 원인이 되기도 한다. 안전하게 실패를 경험할 수 있어야 발전할 수 있는 것처럼 건강한 결핍이 흥미와 동기를 불러일으킨다. 배가 부를 때는 진수성찬도 먹기 싫은 것과 같은 이치다.

구체적이고 현실적이며 측정 가능한 형태로 제시되는 결핍은 그 자체로 하나의 목표와도 같다. 그리고 분명한 목표에 더하여 마감 시간이 제시되면 폭발력을 낸다. 그렇지 않으면 흐지부지되거나 포기해 버린다. 결핍을 목표에 도달하고자 하는 동기로 만들지 못하고 그냥 받아들여서 자포자기해 버리는 것이다. 비면 채우고 싶다. 이것은 정말로 강력한 동기이자 목표가 된다.

한번은 식당을 나서다가 문에 손가락이 끼어 다쳤다. 처음
엔 좀 욱신거리기만 하다가 거뭇거뭇해지고 계속 아팠다.
검게 변해 욱신거리는 손가락을 보니 손가락이 "아프다!!!"
고 온몸으로 항의하는 것만 같다. 아프니까 좀 알아봐 달
라고.

마음에 생긴 상처를 생각한다. 이미 지난 일인데 왜 계속
아플까? 다 아물고도 남을 만큼 시간이 흘렀는데 왜 계속
미친 존재감을 드러내면서 마치 지금 겪는 고통인 것처럼
반복되는 것일까? 마치 '너는 나를 잊었을지 몰라도 나는
그때 그 자리에 있다'고 호소하는 것 같다. 서운하고 속상
한 마음에 심통 부리는 어린아이처럼 등 돌리고 돌아앉아
달래줄 때까지 계속 버티려는 거 같다. 빨리 위로해 달라
며 상처가 나를 부른다.

예쁘고 따뜻하고 즐거운 것은 그게 사람이든 장소든 모두가 좋아한다. 언제까지나 함께 머물고 싶다. 하지만 더럽고 부끄럽고 슬픈 것은 모두 싫어하여 눈길을 주지 않으려고 한다. 사람이 양쪽 다리로 걷고 새가 양 날개로 하늘을 날 듯 삶은 기쁨과 슬픔이 교차하며 흐른다. 살면서 이런저런 일이 정말 많았다. 비틀대며 위태롭게 살았고 엎어지면 주저앉아 쉬기도 했다. 하루 종일 햇빛만 쬐는 곳에서는 사람이 살 수 없고 풀과 나무도 말라 비틀어져 죽을 테지. 밤도 오고 비도 내리고 이슬이 맺혀야 살 수 있다. 웃음만큼 눈물도 필요하다. 오래된 상처라는 건 어쩌면 밝고 행복한 것을 찾아다니느라 돌보지 않고 방치했던 어둠 아닐까. 그것이 사라지지 않고 내 내면에 계속 쌓여왔나 보다.

자신의 어둠. 차갑고 축축하고 일그러지고 끈적한 그 어둠을 있는 그대로 바라본다는 것은 참 힘든 일이다. 이런 기억을 '지하실에 갇힌 맹수'라고 하더라. 당장에는 거칠고 사나워서 길들이기 어렵지만 자주 만나서 시간을 보내고 먹을 것도 주고 친해지면 온순해져서 고양이가 된다고. 당장 직면하는 게 어렵다면 잠깐 피해도 된다. 죽을 만큼 힘들고 괴로운데 억지로 참고 직면하는 것은 바람직하지 않다. 뭐든 자연스러운 수준에서 약간 더 노력하는 정도가 무리 없이 좋은 거 같다. 언제나 노력은 할 수 있을 만큼만, 감당할 수 있을 만큼만 하는 게 좋다.

남에게 친절하라고 배웠다. 다들 각자의 전쟁터에서 치열하게 살고 있다고. 그 얘기를 나 자신에게 들려주며 다짐한다. 먼저 나를 친절하고 다정하게 대하자. 사람은 아무에게도 고백할 수 없는 지옥을 견디며 산다. 오직 나만 아는 전쟁터를 거쳐 지금 여기에 있다. 그러니 자괴감이나 자책은 그만두겠다. 그것들로부터 나를 변호하겠다. 그래서 성장과 발전이 좀 더디게 되더라도 괜찮다. 그것보다 생존이 우선이니까.

몸에 난 상처는 아파도 시간이 지나면 낫겠지만 마음에 난 상처는 알아차리기도 치료하기도 힘들다. 지금 막 다친 아이를 나무라는 건 지나치다. 우선 달래고 치료를 한 다음에 어찌된 영문인지 확인해도 충분하다. 스스로를 다정하게 대하겠다.

자신을 꾸짖는 어른을 보면서 아이는 비난을 배운다. 미움을 받으며 자란 아이는 툭하면 남과 다투고 욕하며 싸운다. 실수한 다음 크게 놀림을 받은 아이는 남 앞에 서야 할 때나 자신의 의견과 감정을 말해야 할 때 긴장하고 수줍음 때문에 위축되어 숨는다.

반면에 실수나 잘못을 저질렀을 때 어떻게 해서 이런 결과가 나왔는지 대화를 통해 같이 성찰하고 관용을 베풀어 주면 자신을 참아 주는 어른을 보면서 아이도 자연스럽게 인내심을 배운다. 자신을 믿어 주고 칭찬하고 격려해 주는 어른을 보면서 아이는 스스로 꽤 괜찮은 사람이라고 생각하여 자신감 있고 감사할 줄 아는 어른으로 성장한다.

어떤 일에서든 차별받지 않고 공정한 대우를 받으며 성장한 아이는 올바름에 대해 배운다. 정의는 최소한의 평화라는 말처럼 올바른 가치관을 지닌 아이는 마음이 평온하고 자신과 남에게 일관된 태도를 가진다. 어려운 환경일지라도 부모가 아이를 안심시키고 안정감 속에서 성장하면 믿음이 생긴다. 자기 자신에 대해서나 다른 사람에 대해서 긍정적인 믿음을 가지고 생활할 수 있다. 믿음은 가능성과 관련이 있다. 믿음에서 성실성과 의지가 자라난다. 겉으로는 불가능해 보이는 일이 이루어졌다면 그 바탕에는 믿음, 곧 신뢰가 있을 것이다. 나는 날마다 모든 면에서 점점 더 나아지고 있다는 자기 신뢰가 있다면 뻔하고 지루한 하루, 무의미한 시간을 살지 않게 된다. 다른 사람의 오해와 시기 질투, 비난을 받을 때 부모가 편들어 주고 끝까지 지켜 주면 아이는 긍지를 가진다. 잘못을 저질렀을 때 이를 돌아보고 반성하는 것은 당연하지만 어떠한 경우에도 부모가 내 편이라는 신뢰가 있어야 아이는 당당할 수 있다. 이는 잘못된 행동을 반성하고 고치는 것과 함께 앞으로의 삶을 위해 반드시 필요한 심리적 자원이다. 당당하지 못하면 잘못을 부인하거나 변명하게 된다. 솔직하게 인정하려면 용기가 필요한데 그러기 위해서는 세상에 확실히 내 편이 되어 줄 사람이 있다는 믿음이 있어야 한다.

아이에게 부모는 마치 신과 같다. 부모가 아이를 대하는 태도가 아이의 의식과 무의식에 각인된다. 그러기에 부모는 자녀를 돌보는 일에 신중해야 하고 그 역할을 잘해 내기 위해서 노력해야 한다. 부모는 아이가 세상에서 만나는 첫 번째 선생님이다. 그러니 그 역할에 걸맞는 태도를 갖춰야 한다. 그래서 어른들이 예부터 '부모 노릇 쉽지 않다고 하셨나 보다. 아이를 낳아 키우다 보면 비로소 부모님을 이해하게 된다고 한다. 부모가 되어 아이를 키울 때, 자신의 부모를 원망하는 마음을 그대로 가지고 있다면 그 감정이 아이에게 전해진다. 오히려 이렇게라도 나를 키워주신 부모님께 감사하는 마음을 갖고 어디에서 누구로부터 비롯됐든 지금 내 안에 있는 문제는 내가 감당하고 해결하겠다는 용감한 마음을 가지는 게 자녀를 위해서 좋다. 그래야 어려움이 대물림되지 않는다.

종교마다 수행 전통이 있다. 가난한 이웃을 돕고 사랑을 전하는 다양한 형태의 수행자들이 있다. 이를 위해 가정을 꾸리지 않고 독신으로 살아가는 수행자도 많다. 하지만 내가 볼 때 수행 중의 수행은 가정을 꾸리고 자녀를 양육하며 사는 것이다. 참고 견뎌야 할 일들이 독신 수행자보다 백 배는 많은 거 같다. 나는 도저히 엄두도 내지 못할 그런 높은 수준의 수행이 결혼하여 부모로 사는 수행이다. 세상 모든 부모님들께 깊은 존경과 고마움을 담아서 인사드린다.

"모든 면에서 은혜를 입었습니다. 모두 덕분입니다."